《溪发说税》系列丛书

# 溪发说税之财产行为税篇

林溪发　编著

中国税务出版社

## 图书在版编目（CIP）数据

溪发说税之财产行为税篇 / 林溪发编著. -- 北京：中国税务出版社，2022.5
ISBN 978-7-5678-1240-6

Ⅰ．①溪… Ⅱ．①林… Ⅲ．①财产税—税收管理—中国 Ⅳ．① F812.424

中国版本图书馆 CIP 数据核字（2022）第 065792 号

版权所有·侵权必究

| 书　　名： | 溪发说税之财产行为税篇 |
|---|---|
| 作　　者： | 林溪发　编著 |
| 责任编辑： | 范竹青 |
| 责任校对： | 姚浩晴 |
| 技术设计： | 刘冬珂 |
| 出版发行： | 中国税务出版社 |

北京市丰台区广安路 9 号国投财富广场 1 号楼 11 层
邮政编码：100055
网址：https：// www.taxation.cn
投稿：https：// www.taxation.cn/qt/zztg
发行中心电话：（010）83362083/85/86
传真：（010）83362047/48/49

| 经　　销： | 各地新华书店 |
|---|---|
| 印　　刷： | 天津嘉恒印务有限公司 |
| 规　　格： | 787 毫米 ×1092 毫米　1/16 |
| 印　　张： | 24 |
| 字　　数： | 354000 字 |
| 版　　次： | 2022 年 5 月第 1 版　2022 年 5 月第 1 次印刷 |
| 书　　号： | ISBN 978-7-5678-1240-6 |
| 定　　价： | 74.00 元 |

如有印装错误　本社负责调换

# 前言

财产行为税是财产税和行为税的总称,其征税对象为纳税人拥有的某些特定财产、纳税人的某些特定行为。

2021年4月12日,国家税务总局发布《关于简并税费申报有关事项的公告》(国家税务总局公告2021年第9号),决定全面推行财产和行为税合并申报,合并税种范围包括城镇土地使用税、房产税、车船税、印花税、耕地占用税、资源税、土地增值税、契税、环境保护税、烟叶税10个税种。自2021年6月1日起,纳税人申报缴纳合并范围内的一个或多个税种时,使用《财产和行为税纳税申报表》。财产和行为税合并申报对企业纳税合规提出了更高的要求。

为便于广大纳税人及财税实务工作者系统掌握财产行为税相关业务,正确适用财产行为税相关政策,降低涉税风险,我整理撰写了《溪发说税之财产行为税篇》,作为《溪发说税》系列丛书的第六本。

本书分为十二章,涵盖了财产行为税的所有税种,共精选了纳税人及财税实务工作者在适用财产行为税政策时遇到的176个问题,1个问题为1集,通过【提问】【林老师解答】【政策依据】【划重点 消痛点】【知识链接】等栏目,以案例问答方式剖析税收规则,梳理政策差异,理清操作脉络,从政策规定到实际操作均进行了详尽介绍。

财产行为税中的土地增值税一直是房地产开发企业税务工作的重点和难点,其涉税业务复杂,涉税金额巨大,给纳税人及财税实务工作者带来诸多困惑和挑战。因此本书将房地产开发企业土地增值税列为专题，通过33集情景案例对房地产开发企业转让房地产收入、扣除项目、应纳税额、土地增值税清算等内容进行了专门解析。

与此同时，由于城市维护建设税、教育费附加和地方教育附加作为附加税费，在税费计算和征收管理上具有同步性，为便于读者统一掌握，本书将"教育费附加和地方教育附加"相关8个问题作为附录呈现。

书中每集案例均附有二维码，读者可以通过微信扫描二维码，进入中国税务出版社知识服务平台观看相应的短视频，轻松愉快地学习相关财税知识。

清朝刘开在《问说》中提到"理无专在，而学无止境也，然则问可少耶？"，"学无止境"同样适用于广大纳税人及财税实务工作者，希望本书能帮助广大纳税人及财税实务工作者更好更快地学习掌握财产行为税政策的各项要领，正确履行纳税义务，维护自身合法权益。

林溪发

2022年5月

# 目录

## 房地产开发企业土地增值税专题 …………………………………… 1

### 第一节　房地产开发企业转让房地产收入 ………………………… 1

第1集　转让房地产的土地增值税应税收入包含增值税吗？ …… 1

第2集　房地产开发企业在营改增后进行房地产
　　　　开发项目土地增值税清算，应如何计算确定
　　　　土地增值税应税收入？ …………………………………… 3

第3集　房地产开发企业将开发产品用于抵偿债务，
　　　　需要视同销售房地产确认收入吗？ ……………………… 6

第4集　房地产开发企业将开发产品用于安置回迁户，
　　　　需要视同销售房地产确认收入吗？ ……………………… 8

第5集　房地产开发企业将开发的部分房地产用于出租，
　　　　需要缴纳土地增值税吗？ ………………………………… 10

第6集　房地产开发企业在计算缴纳土地增值税时，
　　　　代收的费用可以不作为转让房地产的收入吗？ ………… 11

### 第二节　房地产开发企业土地增值税扣除项目 ……………… 13

第7集　房地产开发企业扣除项目涉及的准予在销项税额中
　　　　抵扣的增值税进项税额，可以计入土地增值税
　　　　扣除项目金额吗？ …………………………………… 13

第8集　房地产开发企业逾期开发缴纳的土地闲置费，
　　　　可以在计算土地增值税时扣除吗？ ……………………… 15

第9集　房地产开发企业为取得土地使用权所支付的契税，
　　　　可以计入"取得土地使用权所支付的金额"
　　　　在计算土地增值税时扣除吗？ …………………………… 16

第10集　房地产开发企业支付给回迁户的补差价款，可以计入
　　　　　拆迁补偿费在计算土地增值税时扣除吗？ …………… 17

第11集　房地产开发企业在异地安置房屋的购置支出，
　　　　　可以计入拆迁补偿费在计算土地增值税时扣除吗？ …… 18

第12集　房地产开发企业安置拆迁的货币支出，可以计入
　　　　　拆迁补偿费在计算土地增值税时扣除吗？ …………… 20

第13集　房地产开发企业支付的工程地质勘察费，可以计入
　　　　　前期工程费在计算土地增值税时扣除吗？ …………… 21

第14集　房地产开发企业销售已装修的房屋，其装修费用
　　　　　可以计入房地产开发成本吗？ ………………………… 23

第15集　房地产开发企业已取得发票但未实际支付的质量保证金，
　　　　　可以在计算土地增值税时扣除吗？ …………………… 24

第16集　房地产开发企业发生的开发小区内通讯工程支出，
　　　　　可以计入基础设施费在计算土地增值税时扣除吗？ …… 26

第17集　房地产开发企业开发建造的与清算项目配套的
　　　　　物业管理场所，建成后产权属于全体业主所有，
　　　　　其开发支出可以在计算土地增值税时扣除吗？ ……… 27

第18集　房地产开发企业开发建造的与清算项目配套的小学，建成后无偿移交给政府用于非营利性社会公共事业，其开发支出可以在计算土地增值税时扣除吗？ ………… 29

第19集　房地产开发企业开发建造的与清算项目配套的医院，建成后有偿转让，可以在计算土地增值税时扣除吗？ ………… 30

第20集　房地产开发企业直接组织、管理开发项目发生的劳动保护费，可以计入开发间接费用在计算土地增值税时扣除吗？ ………… 31

第21集　房地产开发企业能够按转让房地产项目计算分摊并提供金融机构证明的利息支出，可以在计算土地增值税时据实扣除吗？ ………… 33

第22集　土地增值税清算时，已经计入房地产开发成本的利息支出，需要调整至财务费用中计算扣除吗？ ……… 35

第23集　营改增后，房地产开发企业土地增值税扣除项目"与转让房地产有关的税金"包括增值税吗？ ………… 36

第24集　房地产开发企业在营改增后进行房地产开发项目土地增值税清算，应如何计算确定"与转让房地产有关的税金"？ ………… 38

第25集　房地产开发企业可以按"取得土地使用权所支付的金额"和"房地产开发成本"的金额之和加计20%扣除吗？ ………… 39

## 第三节　房地产开发企业土地增值税的应纳税额 ……… 41

第26集　房地产开发企业销售所开发的商品房，其土地增值税的应纳税额应如何计算？ ………… 41

第27集　房地产开发企业销售所开发的普通住宅的增值额未超过扣除项目金额20%，可以免征土地增值税吗？ ………… 44

3

第四节　房地产开发企业土地增值税清算 ………………… 47

　　第28集　房地产开发企业整体转让未竣工决算的
　　　　　　房地产开发项目，应进行土地增值税清算吗？………… 47

　　第29集　房地产开发企业已竣工验收的房地产开发项目，
　　　　　　已转让的房地产建筑面积占整个项目可售建筑面积的
　　　　　　比例为90%，主管税务机关可以要求其进行
　　　　　　土地增值税清算吗？……………………………………… 49

　　第30集　房地产开发企业分期开发的房产项目，需要以分期
　　　　　　项目为单位进行土地增值税清算吗？…………………… 51

　　第31集　房地产开发企业开发项目中同时包含普通住宅
　　　　　　和其他商品房，在进行土地增值税清算时
　　　　　　应分别计算增值额吗？…………………………………… 52

　　第32集　房地产开发企业成本资料、费用凭证残缺不全，
　　　　　　难以确定扣除项目金额，税务机关可以核定征收
　　　　　　土地增值税吗？…………………………………………… 54

　　第33集　房地产开发企业土地增值税清算后再转让房地产，
　　　　　　应按规定进行土地增值税纳税申报吗？………………… 56

# 第一章　土地增值税 ………………………………………… 58

## 第一节　土地增值税的纳税义务人和征税范围 ……………… 58

　　第1集　土地增值税应由谁缴纳？……………………………… 58
　　第2集　转让码头泊位，需要缴纳土地增值税吗？…………… 60
　　第3集　将房屋产权赠与直系亲属，需要缴纳土地增值税吗？…… 61

## 第二节　土地增值税的计税依据和税额计算 ………………… 63

　　第4集　企业转让旧房及建筑物，在计算缴纳土地增值税时，
　　　　　"取得土地使用权所支付的金额"应如何确定？………… 63

第5集 企业转让旧房及建筑物，其土地增值税的
扣除项目金额如何确定？ ················· 65

第6集 企业转让旧房及建筑物不能取得评估价格，
但能提供购房发票，其土地增值税的扣除
项目金额如何确定？ ····················· 66

第7集 企业转让房屋，其土地增值税的应纳税额
应如何计算？ ··························· 69

## 第三节 土地增值税税收优惠 ························· 72

第8集 企业因旧城改造被依法征收的房地产，
可以免征土地增值税吗？ ················· 72

第9集 双方合作建房，建成后按比例分房自用，
可以免征土地增值税吗？ ················· 74

第10集 个人之间互换自有居住用房地产，
可以免征土地增值税吗？ ················· 75

第11集 企业转让旧房作为改造安置住房房源且增值额
未超过扣除项目金额20%，可以免征土地增值税吗？ ······ 76

第12集 企业整体改制涉及的房地产权属变更，
需要缴纳土地增值税吗？ ················· 77

第13集 企业合并涉及的房地产权属转移，
需要缴纳土地增值税吗？ ················· 79

第14集 企业分立涉及的房地产权属转移，
需要缴纳土地增值税吗？ ················· 80

第15集 改制重组时个人以房地产作价入股进行投资，
需要缴纳土地增值税吗？ ················· 81

第16集 房地产开发企业以房地产作价入股进行投资，
可以享受暂不征收土地增值税的优惠政策吗？ ······ 83

第17集 改制重组后再转让房地产，"取得土地使用权
所支付的金额"应如何确定？ ··············· 84

### 第四节　土地增值税征收管理 ·············· 87

第18集　企业有意低报办公楼的转让价款，税务机关

可以根据评估价格确定转让该办公楼的收入吗？ ········· 87

第19集　企业转让厂房，其土地增值税的

纳税地点应如何确定？ ·············· 89

## 第二章　房产税 ·············· 91

### 第一节　房产税的纳税义务人和征税范围 ·············· 91

第20集　房产税应由谁缴纳？ ·············· 91

第21集　房地产开发企业建造的商品房在售出前

未被使用或出租、出借，需要缴纳房产税吗？ ········· 93

### 第二节　房产税的计税依据和税额计算 ·············· 95

第22集　购置的商场用于生产经营，其房产税应如何计算？ ······ 95

第23集　厂房按照房产原值计算缴纳房产税，

其房产原值包含地价吗？ ·············· 96

第24集　厂房出租，其房产税应如何计算？ ·············· 99

第25集　出租商铺免收租金期间，其房产税应如何计算缴纳？ ····· 100

### 第三节　房产税税收优惠 ·············· 103

第26集　市政府自用的办公楼，可以免征房产税吗？ ·············· 103

第27集　事业单位自用的办公楼，可以免征房产税吗？ ·············· 104

第28集　宗教寺庙自用的房产，可以免征房产税吗？ ·············· 105

第29集　公园自用的房产，可以免征房产税吗？ ·············· 107

第30集　学校自用的房产，可以免征房产税吗？ ·············· 108

第31集　体育场馆用于体育活动的房产，

可以免征房产税吗？ ·············· 109

第32集 非营利性医疗机构自用的房产，
可以免征房产税吗？ …………………………………… 111

第33集 疾病控制机构自用的房产，可以免征房产税吗？ ……… 112

第34集 非营利性老年服务机构自用的房产，
可以免征房产税吗？ …………………………………… 113

第35集 非营利性科研机构自用的房产，
可以免征房产税吗？ …………………………………… 114

第36集 由财政部门拨付事业经费的文化事业单位转制
为企业，其自用的房产可以自转制注册之日起
5年内免征房产税吗？ ………………………………… 116

第37集 大学科技园出租给在孵对象使用的办公楼，
可以免征房产税吗？ …………………………………… 118

第38集 农产品批发市场专门用于经营农产品的营业用房，
可以免征房产税吗？ …………………………………… 119

第39集 商品储备管理公司自用的承担商品储备业务的仓库，
可以免征房产税吗？ …………………………………… 121

第40集 企业按政府规定价格向职工出租单位自有住房，
可以免征房产税吗？ …………………………………… 122

第41集 股改铁路运输企业自用的办公楼，
可以免征房产税吗？ …………………………………… 124

第42集 被撤销金融机构清算期间自有的房产，
可以免征房产税吗？ …………………………………… 125

第43集 军队空余房产的租赁收入，可以免征房产税吗？ ……… 126

第44集 毁损不堪居住的房屋在停止使用后
可以免征房产税吗？ …………………………………… 127

第45集 基建工地的临时性房屋，在施工期间
可以免征房产税吗？ …………………………………… 128

第46集 个人按市场价格出租的居民住房，
其房产税可以减征吗？ ………………………………… 129

7

第47集　企业向专业化规模化住房租赁企业出租住房取得的
租金收入，其房产税可以减征吗？ ……………………… 130

第48集　增值税小规模纳税人出租办公楼取得的租金收入，
其房产税可以减征吗？ …………………………………… 131

### 第四节　房产税征收管理 …………………………………………… 133

第49集　新建厂房，其房产税纳税地点应如何确定？ ………… 133
第50集　新建厂房，其房产税应自何时起计征？ ……………… 134
第51集　购置新建商品房，其房产税应自何时起计征？ ……… 135
第52集　购置存量房，其房产税应自何时起计征？ …………… 136
第53集　出租房产，其房产税应自何时起计征？ ……………… 137

## 第三章　城镇土地使用税 ……………………………………………… 139

### 第一节　城镇土地使用税的纳税义务人和征税范围 ……………… 139

第54集　城镇土地使用税应由谁缴纳？ ………………………… 139
第55集　实际使用应税集体所有建设用地、但未办理
土地使用权流转手续，其城镇土地使用税
应由谁缴纳？ ……………………………………………… 141
第56集　承租集体所有建设用地，其城镇土地使用税
应由谁缴纳？ ……………………………………………… 143
第57集　利用林场土地兴建度假村，其经营、办公
和生活用地需要缴纳城镇土地使用税吗？ …………… 144

### 第二节　城镇土地使用税的计税依据和税额计算 ………………… 146

第58集　城镇土地使用税的计税依据应如何确定？ …………… 146
第59集　土地使用权共有，其城镇土地使用税应
如何计算缴纳？ …………………………………………… 147
第60集　纳税单位与免税单位共同使用多层建筑用地，
纳税单位应如何计算缴纳城镇土地使用税？ ………… 148

### 第三节　城镇土地使用税税收优惠 ······ 150

第61集　人民团体自用的土地，可以免征
　　　　城镇土地使用税吗？ ······ 150

第62集　直接用于采摘的种植用地，可以免征
　　　　城镇土地使用税吗？ ······ 152

第63集　安置住房用地，可以免征城镇土地使用税吗？ ······ 154

第64集　安置残疾人就业的单位，可以减征或免征
　　　　城镇土地使用税吗？ ······ 155

第65集　城市公交站场运营用地，可以免征
　　　　城镇土地使用税吗？ ······ 157

### 第四节　城镇土地使用税征收管理 ······ 163

第66集　使用土地，其城镇土地使用税的纳税地点
　　　　应如何确定？ ······ 163

第67集　以出让方式有偿取得土地使用权，其城镇土地使用税的
　　　　纳税义务发生时间应如何确定？ ······ 164

第68集　购置新建商品房，其城镇土地使用税的
　　　　纳税义务发生时间应如何确定？ ······ 165

## 第四章　契　税 ······ 168

### 第一节　契税的纳税义务人和征税范围 ······ 168

第69集　购置厂房的契税应由谁缴纳？ ······ 168

第70集　竞得国有建设用地使用权的契税应由谁缴纳？ ······ 169

第71集　受赠住房，需要缴纳契税吗？ ······ 170

### 第二节　契税的计税依据和税额计算 ······ 173

第72集　契税申报以不动产单元为基本单位吗？ ······ 173

第73集　接受投资取得的厂房，其契税计税依据

　　　　应如何确定？ ……………………………………………… 174

第74集　企业购置商铺，其契税计税依据应如何确定？ ………… 175

第75集　房屋互换，其契税计税依据应如何确定？ ……………… 177

第76集　房屋互换，契税应如何计算？ …………………………… 179

## 第三节　契税税收优惠 …………………………………………… 180

第77集　县政府承受办公楼权属用于办公，

　　　　可以免征契税吗？ ………………………………………… 180

第78集　非营利性的学校承受房屋权属用于教学，

　　　　可以免征契税吗？ ………………………………………… 181

第79集　承受荒山土地使用权用于林业生产，

　　　　可以免征契税吗？ ………………………………………… 183

第80集　婚姻关系存续期间夫妻之间变更房屋权属，

　　　　可以免征契税吗？ ………………………………………… 184

第81集　夫妻因离婚分割共同财产发生房屋权属变更，

　　　　可以免征契税吗？ ………………………………………… 185

第82集　法定继承人通过继承承受房屋权属，

　　　　可以免征契税吗？ ………………………………………… 186

第83集　城镇职工第一次购买公有住房，可以免征契税吗？ …… 187

第84集　外国驻华领事馆承受房屋权属，

　　　　可以免征契税吗？ ………………………………………… 188

第85集　改制后的外商独资银行承受原外国银行分行的

　　　　房屋权属，可以免征契税吗？ …………………………… 189

## 第四节　契税征收管理 …………………………………………… 192

第86集　已享受免征契税优惠的土地改变用途，

　　　　需要补缴契税吗？ ………………………………………… 192

第87集　已享受免征契税优惠的土地改变用途，

　　　　契税的纳税义务发生时间应如何确定？ ………………… 193

第88集　购置办公楼，契税的纳税义务发生时间应如何确定？ ………………………………………………… 195

第89集　新建商品房实际交付面积小于合同约定面积返还房价款，可以申请退还多缴纳的契税吗？ ………… 196

## 第五章　耕地占用税 …………………………………… 199

### 第一节　耕地占用税的纳税义务人和征税范围 ……… 199

第90集　耕地占用税应由谁缴纳？ …………………… 199

第91集　占用耕地建设农田水利设施，需要缴纳耕地占用税吗？ …………………………………… 200

### 第二节　耕地占用税的计税依据和税额计算 ………… 202

第92集　占用耕地从事非农业建设，其耕地占用税应如何计算？ ……………………………………… 202

第93集　占用基本农田建设厂房，其耕地占用税应如何计算？ …………………………………………… 204

### 第三节　耕地占用税税收优惠 ………………………… 206

第94集　军事设施占用耕地，可以免征耕地占用税吗？ ……… 206

第95集　铁路线路占用耕地，可以减征耕地占用税吗？ …… 208

第96集　农村居民在规定用地标准以内占用耕地新建自用住宅，可以减半征收耕地占用税吗？ …………… 209

### 第四节　耕地占用税征收管理 ………………………… 211

第97集　享受减征耕地占用税后改变原占地用途，需要补缴耕地占用税吗？ ……………………………… 211

第98集　耕地占用税的纳税地点应如何确定？ …………… 213

第99集　未经批准占用耕地，其耕地占用税的纳税义务发生时间应如何确定？ …………………………… 214

## 第六章　资源税 ·········· 218

### 第一节　资源税的纳税义务人和征税范围 ·········· 218

第100集　资源税应由谁缴纳？ ·········· 218

第101集　纳税人将应税产品用于捐赠，需要缴纳资源税吗？ ·········· 219

### 第二节　资源税的计税依据和税额计算 ·········· 221

第102集　实行从价计征的应税产品，其资源税应如何计算？ ·········· 221

第103集　实行从量计征的应税产品，其资源税应如何计算？ ·········· 223

### 第三节　资源税税收优惠 ·········· 225

第104集　煤炭开采企业因安全生产需要抽采的煤成（层）气，可以免征资源税吗？ ·········· 225

第105集　从衰竭期矿山开采的矿产品，可以减征资源税吗？ ·········· 227

第106集　充填开采置换出来的煤炭，可以减征资源税吗？ ·········· 230

### 第四节　资源税征收管理 ·········· 232

第107集　开采应税矿产品，其资源税的纳税地点应如何确定？ ·········· 232

第108集　销售应税矿产品，其资源税的纳税义务发生时间应如何确定？ ·········· 233

第109集　自用应税矿产品，其资源税的纳税义务发生时间应如何确定？ ·········· 234

## 第七章　车船税 ·········· 238

### 第一节　车船税的纳税义务人和征税范围 ·········· 238

第110集　车船税应由谁缴纳？ ·········· 238

第111集　依法不需要在车船登记管理部门登记的在单位内部场所行驶的机动船舶，需要缴纳车船税吗？ ………… 240

## 第二节　车船税的计税依据和税额计算 ………… 241

第112集　购置的新车辆，其车船税应如何计算？ ………… 241

第113集　已缴纳车船税的船舶在同一纳税年度内办理转让过户，其车船税应如何计算？ ………… 243

## 第三节　车船税税收优惠 ………… 244

第114集　捕捞渔船可以免征车船税吗？ ………… 244

第115集　国家综合性消防救援车辆由部队号牌改挂应急救援专用号牌，可以一次性免征改挂当年的车船税吗？ ………… 245

第116集　妇幼保健机构自用的车辆，可以免征车船税吗？ ………… 246

第117集　节能乘用车可以减半征收车船税吗？ ………… 248

## 第四节　车船税征收管理 ………… 250

第118集　从事机动车第三者责任强制保险业务的保险机构，应当在收取保险费时依法代收车船税吗？ ………… 250

第119集　车船税的纳税地点应如何确定？ ………… 251

第120集　车船税的纳税义务发生时间应如何确定？ ………… 252

# 第八章　船舶吨税 ………… 255

## 第一节　船舶吨税的征税范围和税额计算 ………… 255

第121集　自我国境外港口进入境内港口的船舶，需要缴纳船舶吨税吗？ ………… 255

第122集　自我国境外港口进入境内港口的船舶，其船舶吨税应如何计算？ ………… 256

第二节　船舶吨税税收优惠 ················································· 258

　　第123集　自境外以购买方式取得船舶所有权的初次进口到港的
　　　　　　空载船舶，可以免征船舶吨税吗？ ················ 258
　　第124集　养殖渔船可以免征船舶吨税吗？ ···················· 259
　　第125集　防疫隔离并不上下客货的应税船舶，可以办理
　　　　　　船舶吨税执照延期吗？ ······································ 260
　　第126集　应税船舶在吨税执照期限内因修理、改造导致
　　　　　　净吨位变化，其吨税执照可以继续有效吗？ ········· 262
　　第127集　应税船舶在吨税执照期限内因船籍改变而导致
　　　　　　适用税率变化，其吨税执照可以继续有效吗？ ······ 263

第三节　船舶吨税征收管理 ····················································· 265

　　第128集　船舶吨税的纳税义务发生时间应如何确定？ ······· 265
　　第129集　应税船舶在吨税执照期满后尚未离开港口，
　　　　　　应自何时起续缴船舶吨税？ ································ 266

# 第九章　烟叶税 ················································································ 268

第一节　烟叶税的纳税义务人和税额计算 ································· 268

　　第130集　烟叶税应由谁缴纳？ ····································· 268
　　第131集　收购烟叶，其烟叶税的计税依据应如何确定？ ···· 269
　　第132集　收购烟叶，其烟叶税的应纳税额应如何计算？ ···· 270

第二节　烟叶税征收管理 ························································· 271

　　第133集　收购烟叶，其烟叶税的纳税地点应如何确定？ ···· 271
　　第134集　收购烟叶，其烟叶税的纳税义务发生时间
　　　　　　应如何确定？ ···················································· 272

## 第十章　印花税 ………………………………………… 273

### 第一节　印花税的纳税义务人和征税范围 ……………… 273

第135集　印花税应由谁缴纳？ …………………………… 273
第136集　证券交易印花税的纳税义务人应如何确定？ ………… 274

### 第二节　印花税的计税依据和税额计算 ………………… 276

第137集　应税合同印花税的计税依据应如何确定？ ………… 276
第138集　产权转移书据印花税的计税依据应如何确定？ ……… 277
第139集　营业账簿印花税的计税依据应如何确定？ ………… 279
第140集　证券交易印花税的计税依据应如何确定？ ………… 280
第141集　印花税的应纳税额应如何计算？ …………………… 281

### 第三节　印花税税收优惠 ………………………………… 283

第142集　农民专业合作社销售农产品书立的买卖合同，
　　　　　可以免征印花税吗？ ………………………… 283
第143集　高校学生公寓的租赁合同，可以免征印花税吗？ …… 284

### 第四节　印花税征收管理 ………………………………… 287

第144集　建设工程合同印花税的纳税地点应如何确定？ ……… 287
第145集　技术合同印花税的扣缴义务人应如何确定？ ………… 288
第146集　运输合同印花税的纳税义务发生时间
　　　　　应如何确定？ ………………………………… 290

## 第十一章　环境保护税 ………………………………… 294

### 第一节　环境保护税的纳税义务人和征税范围 ………… 294

第147集　环境保护税应由谁缴纳？ ……………………… 294

第148集 依法设立的城乡污水集中处理场所超过国家和地方
规定的排放标准向环境排放应税污染物,
需要缴纳环境保护税吗? ………………………………… 295

第149集 企业处置固体废物不符合国家和地方环境保护标准,
需要缴纳环境保护税吗? ………………………………… 297

第150集 达到省级人民政府确定的规模标准并且有污染物
排放口的畜禽养殖场,需要缴纳环境保护税吗? …… 298

## 第二节 环境保护税的计税依据和税额计算 …………… 299

第151集 排放应税大气污染物,其环境保护税的计税依据
应如何确定? …………………………………………… 299

第152集 排放应税大气污染物,其环境保护税的应纳税额
应如何计算? …………………………………………… 301

第153集 排放应税水污染物,其环境保护税的计税依据
应如何确定? …………………………………………… 302

第154集 排放应税水污染物,其环境保护税的应纳税额
应如何计算? …………………………………………… 304

第155集 排放应税固体废物,其环境保护税的计税依据
应如何确定? …………………………………………… 306

第156集 排放应税固体废物,其环境保护税的应纳税额
应如何确定? …………………………………………… 308

第157集 工业噪声超标,其环境保护税的计税依据
应如何确定? …………………………………………… 310

第158集 工业噪声超标,其环境保护税的应纳税额应如何确定? …… 312

## 第三节 环境保护税税收优惠 ……………………………… 314

第159集 农业生产排放应税污染物,可以免征环境保护税吗? …… 314

第160集 生活垃圾焚烧发电厂排放应税污染物
不超过国家和地方规定的排放标准,
可以免征环境保护税吗? ……………………………… 315

第161集 综合利用固体废物符合国家和地方环境保护标准，
　　　　可以免征环境保护税吗？ ················· 316

第162集 排放应税大气污染物的浓度值低于国家和地方规定的
　　　　污染物排放标准30%，可以减征环境保护税吗？ ········ 318

第四节 环境保护税征收管理 ···················· 320

第163集 排放应税水污染物，其环境保护税的纳税义务
　　　　发生时间应如何确定？ ··················· 320

第164集 排放应税水污染物，其环境保护税的
　　　　纳税地点应如何确定？ ··················· 321

第165集 排放应税水污染物，其环境保护税的
　　　　纳税申报期应如何确定？ ·················· 322

第166集 排放应税生活垃圾，其环境保护税的
　　　　税额标准应如何确定？ ··················· 324

第167集 燃烧产生废气中的颗粒物，应按照哪类
　　　　应税污染物征收环境保护税？ ················ 325

第168集 排放的扬尘，应按照哪类应税污染物
　　　　征收环境保护税？ ····················· 326

# 第十二章　城市维护建设税 ················· 334

第一节 城市维护建设税的征税范围和税额计算 ··········· 334

第169集 增值税已申报缴纳，需要缴纳城市维护建设税吗？ ····· 334
第170集 增值税免抵税额需要计入城市维护建设税的
　　　　计税依据吗？ ······················ 335

第171集 城市维护建设税的计税依据可以扣除直接减免的
　　　　增值税税额吗？ ····················· 337

第172集 纳税人收到留抵退税额，可以从城市维护建设税的
　　　　计税依据中扣除吗？ ··················· 338

17

第173集　纳税人进口原材料缴纳的增值税税额，需要计入
城市维护建设税的计税依据吗？ ················· 340

第174集　城市维护建设税的应纳税额应如何计算？ ········ 341

## 第二节　城市维护建设税征收管理 ················· 343

第175集　城市维护建设税的纳税义务发生时间应如何确定？ ····· 343

第176集　城市维护建设税的扣缴义务人应如何确定？ ········ 344

# 附录　教育费附加和地方教育附加 ················· 346

## 第一节　教育费附加、地方教育附加的征收范围和计算缴纳 ········ 346

第177集　增值税、消费税已申报缴纳，需要缴纳
教育费附加吗？ ····················· 346

第178集　教育费附加应如何计算缴纳？ ················ 347

第179集　纳税人异地预缴增值税，就地预缴的教育费附加
应如何计算？ ····················· 348

第180集　地方教育附加应如何计算缴纳？ ··············· 349

## 第二节　教育费附加、地方教育附加的优惠政策 ············· 351

第181集　自主就业退役士兵从事个体经营，可以享受
教育费附加、地方教育附加等税费优惠政策吗？ ····· 351

第182集　企业招用自主就业退役士兵，可以享受教育费附加、
地方教育附加等税费优惠政策吗？ ············ 354

第183集　毕业年度内高校毕业生从事个体经营，可以享受
教育费附加、地方教育附加等税费优惠政策吗？ ····· 356

第184集　企业招用在人力资源社会保障部门公共就业服务机构
登记失业半年以上且持《就业失业登记证》的人员，
可以享受教育费附加、地方教育附加等税费
优惠政策吗？ ····················· 358

# 房地产开发企业土地增值税专题

## 第一节 房地产开发企业转让房地产收入

### 第1集 转让房地产的土地增值税应税收入包含增值税吗？

A公司是一家房地产开发企业[①]，2022年5月销售商品房，取得销售房款。

**提问**：林老师，A公司取得的销售房款，在计算土地增值税应税收入时，应税收入包含增值税吗？

**林老师解答**

A公司转让房地产的土地增值税应税收入不包含增值税。

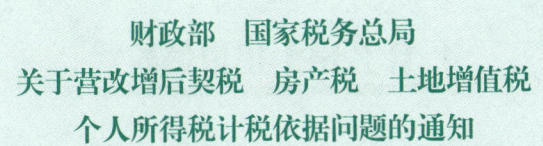

**政策依据**

财政部 国家税务总局
关于营改增后契税 房产税 土地增值税
个人所得税计税依据问题的通知
2016年4月25日 财税〔2016〕43号

三、土地增值税纳税人转让房地产取得的收入为不含增值税收入。
……

---

[①] 除另有说明，本专题各集案例所列举的企业（公司）均为房地产开发企业。

> 本通知自 2016 年 5 月 1 日起执行。
>
> ### 国家税务总局关于营改增后土地增值税
> ### 若干征管规定的公告
>
> 2016 年 11 月 10 日　国家税务总局公告 2016 年第 70 号
>
> 一、关于营改增后土地增值税应税收入确认问题
>
> 营改增后，纳税人转让房地产的土地增值税应税收入不含增值税。……
>
> ……
>
> 本公告自公布之日起施行。

### 划重点　消痛点

根据财税〔2016〕43 号文件第六条的规定，营改增后（指自 2016 年 5 月 1 日起），在计征土地增值税、契税、房产税、个人所得税时，税务机关核定的计税价格或收入不含增值税。

### 知识链接

## 1. 什么是土地增值税？

根据《中华人民共和国土地增值税暂行条例》第二条、第三条的规定，单位和个人转让国有土地使用权、地上的建筑物及其附着物（以下简称转让房地产）并取得收入，应按照其转让房地产所取得的增值额和规定的税率计算征收土地增值税。

## 2. 什么是房地产开发？

根据《中华人民共和国城市房地产管理法》第二条的规定，房地产开发，是指在依据本法取得国有土地使用权的土地上进行基础设施、房屋建设的行为。

### 第2集 房地产开发企业在营改增后进行房地产开发项目土地增值税清算，应如何计算确定土地增值税应税收入？

B公司开发的甲房产项目增值税适用简易计税方法。

该房产项目于2021年9月进行土地增值税清算，取得房地产销售收入共计3.05亿元（全部为销售普通住宅收入），其中：营改增前取得的销售收入为2亿元，营改增后取得的销售收入为1.05亿元（含增值税）。

**提问**：林老师，B公司进行该房产项目土地增值税清算时，应如何计算确定土地增值税应税收入？

### 林老师解答

B公司甲房产项目的土地增值税应税收入计算如下：

土地增值税应税收入
= 营改增前转让房地产取得的收入 + 营改增后转让房地产取得的不含增值税收入

3

$= 2 + 1.05 \div (1 + 5\%)$

$= 3$（亿元）

### 政策依据

**国家税务总局关于营改增后土地增值税**
**若干征管规定的公告**

2016年11月10日　国家税务总局公告2016年第70号

一、关于营改增后土地增值税应税收入确认问题

……适用简易计税方法的纳税人，其转让房地产的土地增值税应税收入不含增值税应纳税额。

……

四、关于营改增前后土地增值税清算的计算问题

房地产开发企业在营改增后进行房地产开发项目土地增值税清算时，按以下方法确定相关金额：

（一）土地增值税应税收入＝营改增前转让房地产取得的收入＋营改增后转让房地产取得的不含增值税收入

### 划重点　消痛点

本案例中，假定甲房产项目的土地增值税应税收入包括普通住宅销售收入和非普通住宅销售收入（营改增前取得普通住宅销售收入1.5亿元、非普通住宅销售收入0.5亿元；营改增后取得普通住宅销售收入0.63亿元、非普通住宅销售收入0.42亿元），则甲房产项目普通住宅和非普通住宅的土地增值税应税收入计算如下：

**1. 普通住宅土地增值税应税收入**

普通住宅土地增值税应税收入

＝普通住宅营改增前转让房地产取得的收入＋普通住宅营改增后转让房地产取得的不含增值税收入

= 1.5 + 0.63 ÷ (1 + 5%)

= 2.1（亿元）

### 2. 非普通住宅土地增值税应税收入

非普通住宅土地增值税应税收入

= 非普通住宅营改增前转让房地产取得的收入 + 非普通住宅营改增后转让房地产取得的不含增值税收入

= 0.5 + 0.42 ÷ (1 + 5%)

= 0.9（亿元）

## 温馨提醒

### 房地产开发企业土地增值税清算时收入的确认

根据《国家税务总局关于土地增值税清算有关问题的通知》（国税函〔2010〕220号）第一条的规定，土地增值税清算时，已全额开具商品房销售发票的，按照发票所载金额确认收入；未开具发票或未全额开具发票的，以交易双方签订的销售合同所载的售房金额及其他收益确认收入。销售合同所载商品房面积与有关部门实际测量面积不一致，在清算前已发生补、退房款的，应在计算土地增值税时予以调整。

## 第3集

### 房地产开发企业将开发产品用于抵偿债务，需要视同销售房地产确认收入吗？

C公司于2021年9月将其自行开发的一套商品房用于抵偿债务，该套商品房已于当月办妥所有权转移手续。

该套商品房按C公司当年度在同一地区销售的同类房地产的平均价格计算，金额为600万元（不含增值税）。

**提问**：林老师，C公司将该套商品房用于抵偿债务，需要视同销售房地产确认土地增值税应税收入吗？

### 林老师解答

C公司以商品房抵偿债务，应视同销售房地产，土地增值税应税收入按C公司当年度在同一地区销售的同类房地产的平均价格计算的金额600万元确定。

#### 📱 政策依据

**国家税务总局关于印发《土地增值税清算管理规程》的通知**

2009年5月12日　国税发〔2009〕91号

第十九条　非直接销售和自用房地产的收入确定

（一）房地产开发企业将开发产品用于……抵偿债务……，发生所有权转移时应视同销售房地产，其收入按下列方法和顺序确认：

1. 按本企业在同一地区、同一年度销售的同类房地产的平均价格确定；

……

第三十八条 本规程自2009年6月1日起施行……

## 国家税务总局关于营改增后土地增值税
## 若干征管规定的公告

2016年11月10日　国家税务总局公告2016年第70号

二、关于营改增后视同销售房地产的土地增值税应税收入确认问题

纳税人将开发产品用于……抵偿债务……，发生所有权转移时应视同销售房地产，其收入应按照《国家税务总局关于房地产开发企业土地增值税清算管理有关问题的通知》（国税发〔2006〕187号）第三条规定执行。……

## 国家税务总局关于房地产开发企业土地增值税
## 清算管理有关问题的通知

2006年12月28日　国税发〔2006〕187号

三、非直接销售和自用房地产的收入确定

（一）房地产开发企业将开发产品用于……抵偿债务……，发生所有权转移时应视同销售房地产，其收入按下列方法和顺序确认：

1.按本企业在同一地区、同一年度销售的同类房地产的平均价格确定；

……

本通知自2007年2月1日起执行。……

### 划重点　消痛点

根据国税发〔2009〕91号文件第十九条的规定，本案例中C公司若将该套商品房用于职工福利、奖励、对外投资、分配给股东或投资人、换取

其他单位和个人的非货币性资产等，发生所有权转移的，在计算土地增值税时，也应视同销售房地产确认收入。

## 知识链接

### 转让房地产所取得的收入包括哪些？

根据《中华人民共和国土地增值税暂行条例》第五条的规定，纳税人转让房地产所取得的收入，包括货币收入、实物收入和其他收入。

## 第4集

### 房地产开发企业将开发产品用于安置回迁户，需要视同销售房地产确认收入吗？

D公司开发乙房产项目。

2021年9月，D公司以乙房产项目的部分商品房安置本项目的回迁户，该部分商品房按D公司当年度在同一地区销售的同类房地产的平均价格计算，金额为5000万元（不含增值税）。

提问：林老师，D公司以开发产品安置回迁户，需要视同销售确认土地增值税应税收入吗？

### 林老师解答

D公司的安置用房应视同销售，土地增值税应税收入按D公司当年度在同一地区销售的同类房地产的平均价格计算

的5000万元确定，同时将此确认为乙房产项目的拆迁补偿费。

> **TAX 政策依据**
>
> **国家税务总局关于营改增后土地增值税若干征管规定的公告**
>
> 2016年11月10日　国家税务总局公告2016年第70号
>
> 二、关于营改增后视同销售房地产的土地增值税应税收入确认问题
>
> ……纳税人安置回迁户，其拆迁安置用房应税收入和扣除项目的确认，应按照《国家税务总局关于土地增值税清算有关问题的通知》（国税函〔2010〕220号）第六条规定执行。
>
> **国家税务总局关于土地增值税清算有关问题的通知**
>
> 2010年5月19日　国税函〔2010〕220号
>
> 六、关于拆迁安置土地增值税计算问题
>
> （一）房地产企业用建造的本项目房地产安置回迁户的，安置用房视同销售处理，按《国家税务总局关于房地产开发企业土地增值税清算管理有关问题的通知》（国税发〔2006〕187号）第三条第（一）款规定确认收入，同时将此确认为房地产开发项目的拆迁补偿费。……

### 划重点　消痛点

本案例中，假定D公司2021年在同一地区未销售同类房地产，无法取得安置用房的平均价格，则根据《国家税务总局关于房地产开发企业土地增值税清算管理有关问题的通知》（国税发〔2006〕187号）第三条第（一）款的规定，该公司安置用房视同销售的土地增值税应税收入，由主管税务机关参照当地当年度同类房地产的市场价格或评估价值确定。

## 第 5 集

### 房地产开发企业将开发的部分房地产用于出租，需要缴纳土地增值税吗？

E 公司于 2021 年 9 月将其开发的一套店铺用于出租，该套店铺产权未发生转移。

**提问**：林老师，E 公司将自行开发的店铺用于出租，需要缴纳土地增值税吗？

### 林老师解答

不需要。

**政策依据**

**国家税务总局关于房地产开发企业土地增值税清算管理有关问题的通知**

2006 年 12 月 28 日　国税发〔2006〕187 号

三、非直接销售和自用房地产的收入确定

……

（二）房地产开发企业将开发的部分房地产……用于出租等商业用途时，如果产权未发生转移，不征收土地增值税，在税款清算时不列收入，不扣除相应的成本和费用。

房地产开发企业土地增值税 专题

> **国家税务总局关于印发《土地增值税清算管理规程》的通知**
> 2009年5月12日　国税发〔2009〕91号
> 第十九条　非直接销售和自用房地产的收入确定
> ……
> （二）房地产开发企业将开发的部分房地产……用于出租等商业用途时，如果产权未发生转移，不征收土地增值税，在税款清算时不列收入，不扣除相应的成本和费用。

**划重点　消痛点**

本案例中，假定E公司将自行开发的该套店铺转为该公司自用，产权未发生转移，则根据国税发〔2006〕187号文件第三条第（二）款的规定，对该套店铺不征收土地增值税，在税款清算时不列收入，不扣除相应的成本和费用。

## 第6集　房地产开发企业在计算缴纳土地增值税时，代收的费用可以不作为转让房地产的收入吗？

扫码看视频

F公司于2022年5月在销售所开发的商品房时，按照县政府要求代收燃气费、过户费、有线电视初装费等各项费用320万元，这些代收费用未计入F公司所售商品房的价款中。

提问：林老师，F公司在计算缴纳土地增值税时，代收费用320万元可以不作为转让房地产的收入吗？

11

## 林老师解答

可以。

### TAX 政策依据

**财政部　国家税务总局**
**关于土地增值税一些具体问题规定的通知**

1995年5月25日　财税字〔1995〕48号

六、关于地方政府要求房地产开发企业代收的费用如何计征土地增值税的问题

对于县级及县级以上人民政府要求房地产开发企业在售房时代收的各项费用，……如果代收费用未计入房价中，而是在房价之外单独收取的，可以不作为转让房地产的收入。

## 划重点　消痛点

本案例中，假定F公司将代收费用计入房价中向购买方一并收取，则根据财税字〔1995〕48号文件第六条的规定，该公司在计算土地增值税时，代收费用作为转让房地产所取得的收入计税，同时作为扣除项目金额扣除，但不得作为加计20%扣除的基数。

## 第二节 房地产开发企业土地增值税扣除项目

### 第7集 房地产开发企业扣除项目涉及的准予在销项税额中抵扣的增值税进项税额,可以计入土地增值税扣除项目金额吗?

扫码看视频

G公司开发丙房产项目,增值税采用一般计税方法。

G公司于2022年5月支付所开发的丙房产项目建筑安装工程费1090万元,已取得了增值税专用发票,发票上注明的增值税进项税额90万元已申报抵扣。

**提问**:林老师,该建筑安装工程费涉及的准予在销项税额中抵扣的增值税进项税额90万元,可以计入土地增值税扣除项目金额吗?

### 林老师解答

不可以。

**政策依据**

财政部 国家税务总局
关于营改增后契税 房产税 土地增值税
个人所得税计税依据问题的通知
2016年4月25日 财税〔2016〕43号

三、……

《中华人民共和国土地增值税暂行条例》等规定的土地增值税扣除项目涉及的增值税进项税额，允许在销项税额中计算抵扣的，不计入扣除项目……

### 划重点　消痛点

本案例中，假定该建筑安装工程费涉及的增值税进项税额90万元未在销项税额中计算抵扣，则根据财税〔2016〕43号文件第三条的规定，G公司在计算土地增值税时，该进项税额90万元可以计入扣除项目。

## 知识链接

### 1. 什么是增值额？

根据《中华人民共和国土地增值税暂行条例》第四条的规定，纳税人转让房地产所取得的收入减除本条例第六条规定扣除项目金额后的余额，为增值额。

### 2. 计算土地增值税增值额的扣除项目包括哪些？

根据《中华人民共和国土地增值税暂行条例》第六条的规定，计算增值额的扣除项目包括：①取得土地使用权所支付的金额；②开发土地的成本、费用；③新建房及配套设施的成本、费用，或者旧房及建筑物的评估价格；④与转让房地产有关的税金；⑤财政部规定的其他扣除项目。

## 第 8 集
### 房地产开发企业逾期开发缴纳的土地闲置费，可以在计算土地增值税时扣除吗？

H 公司于 2022 年 5 月因逾期开发缴纳土地闲置费 500 万元。

**提问**：林老师，H 公司逾期开发缴纳的土地闲置费 500 万元，可以在计算土地增值税时扣除吗？

### 林老师解答

不可以。

**TAX 政策依据**

**国家税务总局关于土地增值税清算有关问题的通知**

2010 年 5 月 19 日　国税函〔2010〕220 号

四、房地产开发企业逾期开发缴纳的土地闲置费的扣除问题

房地产开发企业逾期开发缴纳的土地闲置费不得扣除。

### 划重点　消痛点

根据《房地产开发经营业务企业所得税处理办法》（国税发〔2009〕31 号）第二十七条第（一）款的规定，本案例中，H 公司缴纳的土地闲置费在计算缴纳企业所得税时，可计入土地征用费及拆迁补偿费，按规定在企业所得税税前扣除。

15

## 第9集 房地产开发企业为取得土地使用权所支付的契税，可以计入"取得土地使用权所支付的金额"在计算土地增值税时扣除吗？

I公司于2022年5月因拍得一幅地块的土地使用权缴纳契税3000万元，已取得了合法有效凭证。

**提问**：林老师，I公司为取得土地使用权所支付的契税，可以计入"取得土地使用权所支付的金额"在计算土地增值税时扣除吗？

### 林老师解答

可以。

**政策依据**

**国家税务总局关于土地增值税清算有关问题的通知**

2010年5月19日　国税函〔2010〕220号

五、房地产开发企业取得土地使用权时支付的契税的扣除问题

房地产开发企业为取得土地使用权所支付的契税，应视同"按国家统一规定交纳的有关费用"，计入"取得土地使用权所支付的金额"中扣除。

## 房地产开发企业土地增值税专题

### 知识链接

**什么是"取得土地使用权所支付的金额"？**

根据《中华人民共和国土地增值税暂行条例实施细则》（财法字〔1995〕6号）第七条第（一）款的规定，取得土地使用权所支付的金额，是指纳税人为取得土地使用权所支付的地价款和按国家统一规定缴纳的有关费用。

### 第10集

**房地产开发企业支付给回迁户的补差价款，可以计入拆迁补偿费在计算土地增值税时扣除吗？**

J公司开发丁房产项目。

J公司于2022年5月以丁房产项目的部分商品房安置本项目的回迁户，并支付回迁户补差价款200万元，已取得合法有效凭证。

**提问**：林老师，J公司支付给回迁户的补差价款，可以计入丁房产项目的拆迁补偿费在计算土地增值税时扣除吗？

### 林老师解答

可以。

## 溪发说税之财产行为税篇

### 📋 政策依据

**国家税务总局关于土地增值税清算有关问题的通知**

2010年5月19日　国税函〔2010〕220号

六、关于拆迁安置土地增值税计算问题

（一）房地产企业用建造的本项目房地产安置回迁户的，……房地产开发企业支付给回迁户的补差价款，计入拆迁补偿费；……

### 划重点　消痛点

本案例中，假定回迁户支付J公司补差价款，则根据国税函〔2010〕220号文件第六条第（一）款的规定，该公司在计算土地增值税时，该补差价款应抵减丁房产项目拆迁补偿费。

---

### 第 11 集

**房地产开发企业在异地安置房屋的购置支出，可以计入拆迁补偿费在计算土地增值税时扣除吗？**

K公司开发甲房产项目。

2022年5月，K公司为在异地安置被拆迁户购入房屋，支付购房款1000万元，已取得了合法有效凭证。

**提问**：林老师，K公司异地安置的房屋购置支出，可以计入甲房产项目的拆迁补偿费在计算土地增值税时扣除吗？

18

## 房地产开发企业土地增值税专题

### 林老师解答

可以。

**[TAX] 政策依据**

**国家税务总局关于土地增值税清算
有关问题的通知**

2010年5月19日　国税函〔2010〕220号

六、关于拆迁安置土地增值税计算问题

……

（二）开发企业采取异地安置，……异地安置的房屋属于购入的，以实际支付的购房支出计入拆迁补偿费。

### 划重点　消痛点

本案例中，假定K公司采取异地安置，异地安置的房屋属于自行开发建造的，则根据国税函〔2010〕220号文件第六条第（二）款的规定，该公司在计算土地增值税时，应按照《国家税务总局关于房地产开发企业土地增值税清算管理有关问题的通知》（国税发〔2006〕187号）第三条第（一）款的规定计算该安置房屋价值，并计入戊房产项目的拆迁补偿费。

19

## 第 12 集
### 房地产开发企业安置拆迁的货币支出，可以计入拆迁补偿费在计算土地增值税时扣除吗？

L公司开发己房产项目。

2022年5月，L公司以货币形式安置被拆迁户，支付补偿款500万元，已取得了合法有效凭证。

**提问**：林老师，L公司货币安置拆迁支出，可以计入己房产项目的拆迁补偿费在计算土地增值税时扣除吗？

### 林老师解答

可以。

**政策依据**

#### 国家税务总局关于土地增值税清算有关问题的通知

2010年5月19日　国税函〔2010〕220号

六、关于拆迁安置土地增值税计算问题

……

（三）货币安置拆迁的，房地产开发企业凭合法有效凭据计入拆迁补偿费。

## 知识链接

### 1. 什么是"房地产开发成本"？

根据《中华人民共和国土地增值税暂行条例实施细则》（财法字〔1995〕6号）第七条第（二）款的规定，房地产开发成本，是指纳税人房地产开发项目实际发生的成本，包括土地征用及拆迁补偿费、前期工程费、建筑安装工程费、基础设施费、公共配套设施费、开发间接费用。

### 2. "土地征用及拆迁补偿费"包括哪些？

根据《中华人民共和国土地增值税暂行条例实施细则》（财法字〔1995〕6号）第七条第（二）款的规定，土地征用及拆迁补偿费，包括土地征用费、耕地占用税、劳动力安置费及有关地上、地下附着物拆迁补偿的净支出、安置动迁用房支出等。

## 第13集
### 房地产开发企业支付的工程地质勘察费，可以计入前期工程费在计算土地增值税时扣除吗？

扫码看视频

M公司于2022年5月开发乙房产项目。

5月M公司因开发乙房产项目的需要，支付工程地质勘察费30万元，已取得了合法有效凭证。

提问：林老师，M公司支付的工程地质勘察费，可以计入乙房产项目的前期工程费在计算土地增值税时扣除吗？

### 林老师解答

可以。

### TAX 政策依据

**中华人民共和国土地增值税暂行条例实施细则**

1995年1月27日　财法字〔1995〕6号

第七条　……

（二）……

前期工程费，包括……地质、勘察……等支出。

……

第二十三条　本细则自发布之日起施行。

### 知识链接

#### "前期工程费"包括哪些？

根据《中华人民共和国土地增值税暂行条例实施细则》（财法字〔1995〕6号）第七条第（二）款的规定，前期工程费，包括规划、设计、项目可行性研究和水文、地质、勘察、测绘、"三通一平"等支出。

## 房地产开发企业土地增值税专题

### 第 14 集
### 房地产开发企业销售已装修的房屋，其装修费用可以计入房地产开发成本吗？

扫码看视频

N 公司于 2022 年 5 月销售已装修的房屋，相应的装修费用已取得合法有效凭证。

**提问**：林老师，N 公司销售已装修的房屋，其装修费用可以计入房地产开发成本吗？

### 林老师解答

可以。

**TAX 政策依据**

**国家税务总局关于房地产开发企业土地增值税清算管理有关问题的通知**

2006 年 12 月 28 日　国税发〔2006〕187 号

四、土地增值税的扣除项目

……

（四）房地产开发企业销售已装修的房屋，其装修费用可以计入房地产开发成本。

### 划重点　消痛点

本案例中，假定 N 公司的装修费用属于预提费用，未取得合法有效凭

23

证，则根据国税发〔2006〕187号文件第四条第（四）款的规定，该公司在计算土地增值税时，其装修费用不得扣除。

## 知识链接

### "建筑安装工程费"包括哪些？

根据《中华人民共和国土地增值税暂行条例实施细则》（财法字〔1995〕6号）第七条第（二）款的规定，建筑安装工程费，是指以出包方式支付给承包单位的建筑安装工程费，以自营方式发生的建筑安装工程费。

## 第15集

### 房地产开发企业已取得发票但未实际支付的质量保证金，可以在计算土地增值税时扣除吗？

P公司开发丙房产项目。

2022年3月，P公司开发的丙房产项目工程竣工验收，根据合同约定，P公司扣留建筑安装施工方R公司5%的工程款，作为开发项目的质量保证金。

R公司于2022年5月就该质量保证金对P公司开具发票3000万元（不含增值税）。

**提问**：林老师，P公司已取得发票但未实际支付的质量保证金3000万元，可以在计算土地增值税时扣除吗？

### 林老师解答

可以。

**TAX 政策依据**

**国家税务总局关于土地增值税清算
有关问题的通知**

2010年5月19日　国税函〔2010〕220号

二、房地产开发企业未支付的质量保证金，其扣除项目金额的确定问题

房地产开发企业在工程竣工验收后，根据合同约定，扣留建筑安装施工企业一定比例的工程款，作为开发项目的质量保证金，在计算土地增值税时，建筑安装施工企业就质量保证金对房地产开发企业开具发票的，按发票所载金额予以扣除；……

### 划重点　消痛点

本案例中，假定P公司未就扣留的质量保证金取得发票，则根据国税函〔2010〕220号文件第二条的规定，该公司在计算土地增值税时，其扣留的质保金不得计算扣除。

## 第 16 集 房地产开发企业发生的开发小区内通讯工程支出，可以计入基础设施费在计算土地增值税时扣除吗？

S 公司开发丁房产项目。

S 公司于 2022 年 5 月因开发丁房产项目的需要，发生开发小区内通讯工程支出 40 万元，取得了合法有效凭证。

**提问**：林老师，S 公司发生的开发小区内通讯工程支出，可以计入丁房产项目的基础设施费在计算土地增值税时扣除吗？

### 林老师解答

可以。

**政策依据**

**中华人民共和国土地增值税暂行条例实施细则**

1995 年 1 月 27 日　财法字〔1995〕6 号

第七条　……

（二）……

基础设施费，包括开发小区内……通讯……等工程发生的支出。

## 知识链接

### "基础设施费"包括哪些？

根据《中华人民共和国土地增值税暂行条例实施细则》（财法字〔1995〕6号）第七条第（二）款的规定，基础设施费，包括开发小区内道路、供水、供电、供气、排污、排洪、通讯、照明、环卫、绿化等工程发生的支出。

### 第17集 房地产开发企业开发建造的与清算项目配套的物业管理场所，建成后产权属于全体业主所有，其开发支出可以在计算土地增值税时扣除吗？

扫码看视频

T公司开发乙房产项目。

2021年8月，T公司开发建造与乙房产项目配套的物业管理场所，该物业管理场所于2022年5月建成，其产权属于全体业主所有。

**提问**：林老师，T公司该物业管理场所的开发支出，可以在计算土地增值税时扣除吗？

### 林老师解答

可以。

**TAX 政策依据**

**国家税务总局关于房地产开发企业土地增值税清算管理有关问题的通知**

2006年12月28日　国税发〔2006〕187号

四、土地增值税的扣除项目

……

（三）房地产开发企业开发建造的与清算项目配套的……物业管理场所……等公共设施，按以下原则处理：

1. 建成后产权属于全体业主所有的，其成本、费用可以扣除；

### 知识链接

#### "公共配套设施费"包括哪些？

根据《中华人民共和国土地增值税暂行条例实施细则》（财法字〔1995〕6号）第七条第（二）款的规定，公共配套设施费，包括不能有偿转让的开发小区内公共配套设施发生的支出。

房地产开发企业土地增值税**专题**

### 第 18 集

**房地产开发企业开发建造的与清算项目配套的小学，建成后无偿移交给政府用于非营利性社会公共事业，其开发支出可以在计算土地增值税时扣除吗？**

U 公司开发甲房产项目。

2021 年 8 月，U 公司开发建造与甲房产项目配套的小学。2022 年 5 月该小学建成，U 公司将其无偿移交给当地政府用于小学义务教育（属于非营利性社会公共事业）。

**提问**：林老师，U 公司该小学的开发支出，可以在计算土地增值税时扣除吗？

### 林老师解答

可以。

**政策依据**

**国家税务总局关于房地产开发企业土地增值税清算管理有关问题的通知**

2006 年 12 月 28 日　国税发〔2006〕187 号

四、土地增值税的扣除项目

……

（三）房地产开发企业开发建造的与清算项目配套的……学校……等公共设施，按以下原则处理：

……

2.建成后无偿移交给政府、公用事业单位用于非营利性社会公共事业的，其成本、费用可以扣除；

……

29

## 溪发说税之财产行为税篇

**划重点　消痛点**

本案例中，假定该小学建成后，U 公司虽将其无偿移交给当地政府，但该小学未用于非营利性社会公共事业，则该公司在计算土地增值税时，其成本、费用不得扣除。

### 第 19 集

**房地产开发企业开发建造的与清算项目配套的医院，建成后有偿转让，可以在计算土地增值税时扣除吗？**

V 公司开发乙房产项目。

2021 年 8 月，V 公司开发建造与乙房产项目配套的医院。2022 年 5 月该医院建成后，V 公司将其有偿转让。

提问：林老师，V 公司该医院的开发支出，可以在计算土地增值税时扣除吗？

**林老师解答**

V 公司开发建造的该医院建成后有偿转让，应计算收入，并准予扣除成本、费用。

**TAX 政策依据**

**国家税务总局关于房地产开发企业土地增值税清算管理有关问题的通知**

2006 年 12 月 28 日　国税发〔2006〕187 号

四、土地增值税的扣除项目

……

（三）房地产开发企业开发建造的与清算项目配套的……医院……等公共设施，按以下原则处理：

……

3.建成后有偿转让的，应计算收入，并准予扣除成本、费用。

### 划重点 消痛点

国税发〔2006〕187号文件第四条第（三）款列举的公共设施，除第17集、第18集案例和本集案例提及的物业管理场所、学校和医院之外，还包括居委会和派出所用房、会所、停车场（库）、变电站、热力站、水厂、文体场馆、幼儿园、托儿所、邮电通讯等。

## 第20集

**房地产开发企业直接组织、管理开发项目发生的劳动保护费，可以计入开发间接费用在计算土地增值税时扣除吗？**

扫码看视频

W公司开发丙房产项目。

W公司于2022年5月支付工程部人员劳动保护费2万元，取得了合法有效凭证。该项劳动保护费属于W公司直接组织、管理丙房产项目开发所发生的费用。

提问：林老师，W公司支付的该项劳动保护费，可以计入丙房产项目的开发间接费用在计算土地增值税时扣除吗？

## 溪发说税 之 财产行为税篇

### 林老师解答

可以。

**TAX 政策依据**

**中华人民共和国土地增值税暂行条例实施细则**

1995年1月27日 财法字〔1995〕6号

第七条 ……

（二）……

开发间接费用，是指直接组织、管理开发项目发生的费用，包括……劳动保护费……等。

### 知识链接

#### "开发间接费用"包括哪些？

根据《中华人民共和国土地增值税暂行条例实施细则》（财法字〔1995〕6号）第七条第（二）款的规定，开发间接费用，是指直接组织、管理开发项目发生的费用，包括工资、职工福利费、折旧费、修理费、办公费、水电费、劳动保护费、周转房摊销等。

## 第 21 集 房地产开发企业能够按转让房地产项目计算分摊并提供金融机构证明的利息支出，可以在计算土地增值税时据实扣除吗？

X 公司开发丁房产项目。

X 公司于 2020 年 4 月因开发丁房产项目需要向金融机构借款并按照借款合同规定按时支付利息，相关利息支出均取得了合法有效凭证。

**提问：**林老师，X 公司发生的能够按丁房产项目计算分摊并提供金融机构证明的利息支出，可以在计算该项目土地增值税时据实扣除吗？

### 林老师解答

可以据实扣除，但最高不能超过按商业银行同类同期贷款利率计算的金额。

**政策依据**

**中华人民共和国土地增值税暂行条例实施细则**

1995 年 1 月 27 日　财法字〔1995〕6 号

第七条　条例第六条所列的计算增值额的扣除项目，具体为：

……

（三）……

财务费用中的利息支出，凡能够按转让房地产项目计算分摊并提供金融机构证明的，允许据实扣除，但最高不能超过按商业银行同类同期贷款利率计算的金额。……

### 国家税务总局关于土地增值税清算有关问题的通知

2010 年 5 月 19 日　国税函〔2010〕220 号

三、房地产开发费用的扣除问题

（一）财务费用中的利息支出，凡能够按转让房地产项目计算分摊并提供金融机构证明的，允许据实扣除，但最高不能超过按商业银行同类同期贷款利率计算的金额。……

### 划重点　消痛点

本案例中，假定 X 公司发生的利息支出，不能按丁房产项目计算分摊或不能提供金融机构证明，则根据国税函〔2010〕220 号文件第三条第（二）款的规定，该公司在计算土地增值税时，其房地产开发费用在按"取得土地使用权所支付的金额"与"房地产开发成本"金额之和的 10% 以内计算扣除。

### 温馨提醒

### 房地产开发企业全部使用自有资金，其房地产开发费用如何计算扣除？

本案例中，假定 X 公司全部使用自有资金，没有利息支出，则根据国税函〔2010〕220 号文件第三条第（二）款的规定，X 公司在计算土地增值税时，房地产开发费用也按"取得土地使用权所支付的金额"与"房地产开发成本"金额之和的 10% 以内计算扣除。

## 房地产开发企业土地增值税专题

### 知识链接

#### "房地产开发费用"是什么？

根据《中华人民共和国土地增值税暂行条例实施细则》（财法字〔1995〕6号）第七条第（三）款的规定，房地产开发费用，是指与房地产开发项目有关的销售费用、管理费用、财务费用。

### 第22集 土地增值税清算时，已经计入房地产开发成本的利息支出，需要调整至财务费用中计算扣除吗？

Y公司开发甲房产项目。

Y公司于2019年4月因开发甲房产项目的需要，向商业银行借款并按照借款合同规定按时支付利息，该利息支出已经计入甲房产项目的房地产开发成本。

**提问**：林老师，Y公司于2022年5月对开发的甲房产项目进行土地增值税清算，已经计入该项目房地产开发成本的利息支出，需要调整至财务费用中计算扣除吗？

### 林老师解答

需要。

## 溪发说税之财产行为税篇

> **TAX 政策依据**
>
> **国家税务总局关于土地增值税清算<br>有关问题的通知**
>
> 2010 年 5 月 19 日　国税函〔2010〕220 号
>
> 三、房地产开发费用的扣除问题
>
> ……
>
> （四）土地增值税清算时，已经计入房地产开发成本的利息支出，应调整至财务费用中计算扣除。

### 划重点　消痛点

本案例中，Y 公司在对甲房产项目进行土地增值税清算时，将已经计入该项目房地产开发成本的利息支出调整至财务费用中计算扣除，避免了利息支出重复扣除。

### 第 23 集　营改增后，房地产开发企业土地增值税扣除项目"与转让房地产有关的税金"包括增值税吗？

Z 公司开发乙房产项目。

2022 年 5 月，Z 公司销售自行开发的乙房产项目取得收入，按规定申报缴纳增值税 1200 万元。

提问：林老师，Z 公司在计算土地增值税扣除项目"与转让房地产有关的税金"时，包括增值税吗？

扫码看视频

### 林老师解答

不包括。

**TAX 政策依据**

**国家税务总局关于营改增后土地增值税
若干征管规定的公告**

2016年11月10日　国家税务总局公告2016年第70号

三、关于与转让房地产有关的税金扣除问题

（一）营改增后，计算土地增值税增值额的扣除项目中"与转让房地产有关的税金"不包括增值税。

## 知识链接

### "与转让房地产有关的税金"是什么？

根据《中华人民共和国土地增值税暂行条例实施细则》（财法字〔1995〕6号）第七条第（五）款的规定，与转让房地产有关的税金，是指在转让房地产时缴纳的营业税、城市维护建设税、印花税。因转让房地产交纳的教育费附加，也可视同税金予以扣除。

根据《财政部　国家税务总局关于土地增值税一些具体问题规定的通知》（财税字〔1995〕48号）第九条的规定，《中华人民共和国土地增值税暂行条例实施细则》中规定允许扣除的印花税，是指在转让房地产时缴纳的印花税。房地产开发企业按照《施工、房地产开发企业财务制度》的有关规定，其缴纳的印花税列入管理费用，已相应予以扣除。其他的土地增值税纳税义务人在计算土地增值税时允许扣除在转让时缴纳的印花税。

溪发说税之 财产行为税篇

### 第 24 集 房地产开发企业在营改增后进行房地产开发项目土地增值税清算，应如何计算确定"与转让房地产有关的税金"？

A 公司开发的丙房产项目增值税适用简易计税方法。

该房产项目于 2021 年 10 月进行土地增值税清算，营改增前实际缴纳的营业税、城市维护建设税、教育费附加为 1100 万元，营改增后允许扣除的城市维护建设税、教育费附加为 1800 万元。

提问：林老师，A 公司进行丙房产项目土地增值税清算时，应如何计算确定"与转让房地产有关的税金"？

### 林老师解答

丙房产项目与转让房地产有关的税金计算如下：

与转让房地产有关的税金
= 营改增前实际缴纳的营业税、城市维护建设税、教育费附加 + 营改增后允许扣除的城市维护建设税、教育费附加
= 1100 + 1800
= 2900（万元）

**政策依据**

**国家税务总局关于营改增后土地增值税若干征管规定的公告**

2016 年 11 月 10 日　国家税务总局公告 2016 年第 70 号

四、关于营改增前后土地增值税清算的计算问题

房地产开发企业在营改增后进行房地产开发项目土地增值税清算

时，按以下方法确定相关金额：

……

（二）与转让房地产有关的税金＝营改增前实际缴纳的营业税、城建税、教育费附加＋营改增后允许扣除的城建税、教育费附加

### 划重点　消痛点

本案例中，假定营改增后，A公司实际缴纳的城市维护建设税、教育费附加不能按丙房产项目准确计算，则根据国家税务总局公告2016年第70号第三条第（二）款的规定，该公司按该清算项目预缴增值税时实际缴纳的城市维护建设税、教育费附加扣除。

### 第25集　房地产开发企业可以按"取得土地使用权所支付的金额"和"房地产开发成本"的金额之和加计20%扣除吗？

扫码看视频

B公司开发丁房产项目。

该房产项目于2022年5月进行土地增值税清算，各项数据如下：

1. 转让房地产收入总额为2亿元（不含增值税），全部为普通住宅收入；

2. 允许扣除的取得土地使用权所支付的金额为4120万元、房地产开发成本为8080万元、与转让房地产有关的税金为120万元；

3. 允许扣除的房地产开发费用按照允许扣除的"取得土地使用权所支付的金额"和"房地产开发成本"的10%计算；

39

4. 代收费用为零。

提问：林老师，B 公司在对丁房产项目进行土地增值税清算时，可以按"取得土地使用权所支付的金额"和"房地产开发成本"的金额之和加计 20% 的扣除吗？

### 林老师解答

可以。

#### 政策依据

**中华人民共和国土地增值税暂行条例实施细则**

1995 年 1 月 27 日　财法字〔1995〕6 号

第七条　条例第六条所列的计算增值额的扣除项目，具体为：

（一）取得土地使用权所支付的金额，……

（二）开发土地和新建房及配套设施（以下简称房地产开发）的成本，……

（六）根据条例第六条（五）项规定，对从事房地产开发的纳税人可按本条（一）、（二）项规定计算的金额之和，加计 20% 的扣除。

### 划重点　消痛点

本案例中，假定 B 公司不属于从事房地产开发的纳税人，则其在计算缴纳土地增值税时，不可以按"取得土地使用权所支付的金额"和"房地产开发成本"的金额之和加计 20% 扣除。

## 第三节 房地产开发企业土地增值税的应纳税额

### 第 26 集 房地产开发企业销售所开发的商品房，其土地增值税的应纳税额应如何计算？

承第 25 集案例。

**提问**：林老师，B 公司销售所开发的丁房产项目，其土地增值税的应纳税额应如何计算？

**林老师解答**

B 公司销售所开发的丁房产项目，其土地增值税的应纳税额计算如下：

1. 计算扣除项目金额

扣除项目金额
＝取得土地使用权所支付的金额＋房地产开发成本＋房地产开发费用＋与转让房地产有关的税金＋财政部规定的其他扣除项目
＝4120＋8080＋（4120＋8080）×10%＋120＋（4120＋8080）×20%
＝15980（万元）

2. 计算增值额

增值额＝转让房地产收入总额－扣除项目金额
　　　　＝20000－15980
　　　　＝4020（万元）

### 3. 计算增值率

增值率 = 增值额 ÷ 扣除项目金额

= 4020 ÷ 15980

= 25.16%

### 4. 计算应纳税额

增值率为25.16%，适用30%的土地增值税税率，应缴纳的土地增值税税额为：

应缴纳的土地增值税税额 = 增值额 × 30%

= 4020 × 30%

= 1206（万元）

> **[TAX] 政策依据**

#### 中华人民共和国土地增值税暂行条例

2011年1月8日　中华人民共和国国务院令第588号修订

**第三条**　土地增值税按照纳税人转让房地产所取得的增值额和本条例第七条规定的税率计算征收。

**第四条**　纳税人转让房地产所取得的收入减除本条例第六条规定扣除项目金额后的余额，为增值额。

……

**第六条**　计算增值额的扣除项目：

（一）取得土地使用权所支付的金额；

（二）开发土地的成本、费用；

（三）新建房及配套设施的成本、费用，或者旧房及建筑物的评估价格；

（四）与转让房地产有关的税金；

（五）财政部规定的其他扣除项目。

**第七条**　土地增值税实行四级超率累进税率：

增值额未超过扣除项目金额50%的部分，税率为30%。

……

第十五条 本条例自1994年1月1日起施行。……

## 中华人民共和国土地增值税暂行条例实施细则

1995年1月27日 财法字〔1995〕6号

第十条 条例第七条所列四级超率累进税率，每级"增值额未超过扣除项目金额"的比例，均包括本比例数。

计算土地增值税税额，可按增值额乘以适用的税率减去扣除项目金额乘以速算扣除系数的简便方法计算，具体公式如下：

（一）增值额未超过扣除项目金额50%的

土地增值税税额＝增值额×30%

## 知识链接

### 1."土地增值税四级超率累进税率"包括哪些？

根据《中华人民共和国土地增值税暂行条例》（中华人民共和国国务院令第588号修订）第七条的规定，土地增值税实行四级超率累进税率：

1. 增值额未超过扣除项目金额50%的部分，税率为30%。

2. 增值额超过扣除项目金额50%、未超过扣除项目金额100%的部分，税率为40%。

3. 增值额超过扣除项目金额100%、未超过扣除项目金额200%的部分，税率为50%。

4. 增值额超过扣除项目金额200%的部分，税率为60%。

## 2. 计算土地增值税税额的公式是什么？

根据《中华人民共和国土地增值税暂行条例实施细则》（财法字〔1995〕6号）第十条第二款的规定，计算土地增值税税额，可按增值额乘以适用的税率减去扣除项目金额乘以速算扣除系数的简便方法计算，具体公式如下：

1. 增值额未超过扣除项目金额50%的

土地增值税税额 = 增值额 × 30%

2. 增值额超过扣除项目金额50%，未超过100%的

土地增值税税额 = 增值额 × 40% - 扣除项目金额 × 5%

3. 增值额超过扣除项目金额100%，未超过200%的

土地增值税税额 = 增值额 × 50% - 扣除项目金额 × 15%

4. 增值额超过扣除项目金额200%的

土地增值税税额 = 增值额 × 60% - 扣除项目金额 × 35%

公式中的5%、15%、35%为速算扣除系数。

### 第27集 房地产开发企业销售所开发的普通住宅的增值额未超过扣除项目金额20%，可以免征土地增值税吗？

C公司开发乙房产项目。

该房产项目于2022年5月进行土地增值税清算，其中，普通住宅增值额未超过扣除项目金额20%。

提问：林老师，乙房产项目中普通住宅增值额未超过扣除项目金额20%，C公司销售该普通住宅可以免征土地增值税吗？

### 林老师解答

可以。

**TAX 政策依据**

#### 中华人民共和国土地增值税暂行条例

2011年1月8日 中华人民共和国国务院令第588号修订

第八条 有下列情形之一的，免征土地增值税：

（一）纳税人建造普通标准住宅出售，增值额未超过扣除项目金额20%的；

……

#### 中华人民共和国土地增值税暂行条例实施细则

1995年1月27日 财法字〔1995〕6号

第十一条 条例第八条（一）项所称的普通标准住宅，是指按所在地一般民用住宅标准建造的居住用住宅。高级公寓、别墅、度假村等不属于普通标准住宅。普通标准住宅与其他住宅的具体划分界限由各省、自治区、直辖市人民政府规定。

纳税人建造普通标准住宅出售，增值额未超过本细则第七条（一）、（二）、（三）、（五）、（六）项扣除项目金额之和20%的，免征土地增值税；……

### 划重点 消痛点

根据《财政部 国家税务总局关于土地增值税若干问题的通知》（财

税〔2006〕21号）第一条的规定，《中华人民共和国土地增值税暂行条例》第八条中"普通标准住宅"和《财政部　国家税务总局关于调整房地产市场若干税收政策的通知》（财税字〔1999〕210号）第三条中"普通住宅"的认定，一律按各省、自治区、直辖市人民政府根据《国务院办公厅转发建设部等部门关于做好稳定住房价格工作意见的通知》（国办发〔2005〕26号）制定并对社会公布的"中小套型、中低价位普通住房"的标准执行。

## 第四节 房地产开发企业土地增值税清算

### 第 28 集

**房地产开发企业整体转让未竣工决算的房地产开发项目，应进行土地增值税清算吗？**

D 公司于 2021 年 9 月开发丙房产项目。

D 公司于 2022 年 5 月将所开发的丙房产项目整体转让，该房产项目尚未竣工决算。

**提问**：林老师，D 公司整体转让未竣工决算的丙房地产开发项目，应进行土地增值税清算吗？

### 林老师解答

D 公司应进行土地增值税清算。

**TAX 政策依据**

**国家税务总局关于房地产开发企业土地增值税清算管理有关问题的通知**

2006 年 12 月 28 日　国税发〔2006〕187 号

二、土地增值税的清算条件

（一）符合下列情形之一的，纳税人应进行土地增值税的清算：

……

2. 整体转让未竣工决算房地产开发项目的；

……

47

## 国家税务总局关于印发
## 《土地增值税清算管理规程》的通知

2009年5月12日 国税发〔2009〕91号

第九条 纳税人符合下列条件之一的,应进行土地增值税的清算。

……

(二)整体转让未竣工决算房地产开发项目的;

……

### 划重点 消痛点

根据国税发〔2006〕187号文件第二条第(一)款的规定,纳税人应进行土地增值税清算的情形,除本案例中例举的情形之外,还包括以下情形:

1. 房地产开发项目全部竣工、完成销售的;
2. 直接转让土地使用权的。

### 温馨提醒

## 土地增值税清算时,
## 扣除项目金额须提供合法有效凭证

根据国税发〔2006〕187号文件第四条第(一)款的规定,房地产开发企业办理土地增值税清算时计算与清算项目有关的扣除项目金额,应根据《中华人民共和国土地增值税暂行条例》第六条及《中华人民共和国土地增值税暂行条例实施细则》第七条的规定执行。除另有规定外,扣除取得土地使用权所支付的金额、房地产开发成本、费用及与转让房地产有关税金,须提供合法有效凭证;不能提供合法有效凭证的,不予扣除。

### 第 29 集

**房地产开发企业已竣工验收的房地产开发项目,已转让的房地产建筑面积占整个项目可售建筑面积的比例为 90%,主管税务机关可以要求其进行土地增值税清算吗?**

E 公司于 2018 年 9 月开发甲房产项目。

甲房产项目于 2022 年 5 月竣工验收,截至当月该项目已转让的房地产建筑面积占整个项目可售建筑面积的比例为 90%。

**提问**:林老师,E 公司已竣工验收的甲房产项目,已转让的房地产建筑面积占整个项目可售建筑面积的比例在 85% 以上,主管税务机关可以要求 E 公司进行土地增值税清算吗?

### 林老师解答

可以。

**政策依据**

**财政部 国家税务总局关于土地增值税若干问题的通知**

2006 年 3 月 2 日 财税〔2006〕21 号

三、关于土地增值税的预征和清算问题

……

对已竣工验收的房地产项目,凡转让的房地产的建筑面积占整个项目可售建筑面积的比例在 85% 以上的,税务机关可以要求纳税人按照转让房地产的收入与扣除项目金额配比的原则,对已转让的房地产进行土地增值税的清算。……

六、本文自2006年3月2日起执行。

### 国家税务总局关于房地产开发企业土地增值税清算管理有关问题的通知

2006年12月28日　国税发〔2006〕187号

二、土地增值税的清算条件

……

（二）符合下列情形之一的，主管税务机关可要求纳税人进行土地增值税清算：

1.已竣工验收的房地产开发项目，已转让的房地产建筑面积占整个项目可售建筑面积的比例在85%以上……

### 国家税务总局关于印发《土地增值税清算管理规程》的通知

2009年5月12日　国税发〔2009〕91号

第十条　对符合以下条件之一的，主管税务机关可要求纳税人进行土地增值税清算。

（一）已竣工验收的房地产开发项目，已转让的房地产建筑面积占整个项目可售建筑面积的比例在85%以上……

**划重点　消痛点**

根据国税发〔2006〕187号文件第二条第（二）款的规定，主管税务机关可要求纳税人进行土地增值税清算的情形，除本案例中例举的情形之外，还包括以下情形：

1.已竣工验收的房地产开发项目，已转让的房地产建筑面积占整个项目可售建筑面积的比例虽未超过 85%，但剩余的可售建筑面积已经出租或自用的；

2. 取得销售（预售）许可证满三年仍未销售完毕的；

3. 纳税人申请注销税务登记但未办理土地增值税清算手续的；

4. 省税务机关规定的其他情况。

## 第 30 集

**房地产开发企业分期开发的房产项目，需要以分期项目为单位进行土地增值税清算吗？**

扫码看视频

F 公司于 2018 年 2 月购入一幅国有土地使用权，分期开发乙、丙两个房产项目。

2022 年 5 月，F 公司开发的乙、丙房产项目已达到土地增值税清算条件，进行土地增值税清算。

**提问**：林老师，F 公司需要以分期项目即乙、丙两个房产项目为单位进行土地增值税清算吗？

### 林老师解答

需要。

**政策依据**

**中华人民共和国土地增值税暂行条例实施细则**

1995 年 1 月 27 日 财法字〔1995〕6 号

**第八条** 土地增值税以纳税人房地产成本核算的最基本的核算项目

51

溪发说税之财产行为税篇

或核算对象为单位计算。

> **国家税务总局关于房地产开发企业土地增值税清算管理有关问题的通知**
>
> 2006 年 12 月 28 日　国税发〔2006〕187 号
>
> 一、土地增值税的清算单位
> 土地增值税以国家有关部门审批的房地产开发项目为单位进行清算，对于分期开发的项目，以分期项目为单位清算。

## 第 31 集
### 房地产开发企业开发项目中同时包含普通住宅和其他商品房，在进行土地增值税清算时应分别计算增值额吗？

扫码看视频

F 公司开发丁房产项目，该房产项目中同时包含普通住宅和其他商品房。

2022 年 5 月，F 公司所开发的丁房产项目已达到土地增值税清算条件，进行土地增值税清算。

**提问**：林老师，F 公司在进行土地增值税清算时，丁房产项目中的普通住宅和其他商品房应分别计算增值额吗？

**林老师解答**

F 公司应分别计算丁房产项目中普通住宅和其他商品房的增值额。

52

> **政策依据**

### 财政部　国家税务总局
### 关于土地增值税一些具体问题规定的通知

1995年5月25日　财税字〔1995〕48号

十三、关于既建普通标准住宅又搞其他类型房地产开发的如何计税的问题

对纳税人既建普通标准住宅又搞其他房地产开发的，应分别核算增值额。……

### 财政部　国家税务总局
### 关于土地增值税若干问题的通知

2006年3月2日　财税〔2006〕21号

一、关于纳税人建造普通标准住宅出售和居民个人转让普通住宅的征免税问题

……纳税人既建造普通住宅，又建造其他商品房的，应分别核算土地增值额。

### 国家税务总局关于房地产开发企业土地增值税
### 清算管理有关问题的通知

2006年12月28日　国税发〔2006〕187号

一、土地增值税的清算单位

……

开发项目中同时包含普通住宅和非普通住宅的，应分别计算增值额。

## 溪发说税之财产行为税篇

**划重点　消痛点**

本案例中，假定 F 公司不分别核算增值额或不能准确核算增值额，则根据财税字〔1995〕48 号文件第十三条的规定，其建造的普通标准住宅不能适用《中华人民共和国土地增值税暂行条例》第八条第（一）项的免税规定（即纳税人建造普通标准住宅出售，增值额未超过扣除项目金额 20% 的，免征土地增值税）。

### 第 32 集　房地产开发企业成本资料、费用凭证残缺不全，难以确定扣除项目金额，税务机关可以核定征收土地增值税吗？

G 公司于 2018 年 10 月开发丙房产项目。

2022 年 5 月，G 公司所开发的丙房产项目已达到土地增值税清算条件，进行土地增值税清算。

G 公司虽设置账簿，但丙房产项目的成本资料、费用凭证残缺不全，难以确定其扣除项目金额。

**提问**：林老师，G 公司所开发的丙房产项目难以确定扣除项目金额，税务机关可以参照与其开发规模和收入水平相近的当地企业的土地增值税税负情况，按不低于预征率的征收率核定征收土地增值税吗？

**林老师解答**

可以。

> **[TAX] 政策依据**
>
> ### 国家税务总局关于房地产开发企业土地增值税
> ### 清算管理有关问题的通知
>
> 2006年12月28日　国税发〔2006〕187号
>
> 七、土地增值税的核定征收
>
> 房地产开发企业有下列情形之一的，税务机关可以参照与其开发规模和收入水平相近的当地企业的土地增值税税负情况，按不低于预征率的征收率核定征收土地增值税：
>
> ……
>
> （三）虽设置账簿，但账目混乱或者成本资料、收入凭证、费用凭证残缺不全，难以确定转让收入或扣除项目金额的；
>
> ……
>
> ### 国家税务总局关于印发
> ### 《土地增值税清算管理规程》的通知
>
> 2009年5月12日　国税发〔2009〕91号
>
> 第三十四条　在土地增值税清算中符合以下条件之一的，可实行核定征收。
>
> ……
>
> （三）虽设置账簿，但账目混乱或者成本资料、收入凭证、费用凭证残缺不全，难以确定转让收入或扣除项目金额的；
>
> ……

**划重点　消痛点**

根据国税发〔2006〕187号文件第七条的规定，"税务机关可以参照与其开发规模和收入水平相近的当地企业的土地增值税税负情况，按不低于预征率的征收率核定征收土地增值税"的情形，除本案例中例举的情形之外，还包括以下情形：

1. 依照法律、行政法规的规定应当设置但未设置账簿的；

2. 擅自销毁账簿或者拒不提供纳税资料的；

3. 符合土地增值税清算条件，未按照规定的期限办理清算手续，经税务机关责令限期清算，逾期仍不清算的；

4. 申报的计税依据明显偏低，又无正当理由的。

## 第 33 集 房地产开发企业土地增值税清算后再转让房地产，应按规定进行土地增值税纳税申报吗？

H 公司于 2022 年 5 月对所开发的丁房产项目进行土地增值税清算。

**提问**：林老师，丁房产项目在土地增值税清算时未转让的房地产在清算后销售，H 公司应按规定进行土地增值税纳税申报吗？

### 林老师解答

H 公司应按规定进行土地增值税纳税申报。

## 政策依据

### 国家税务总局关于房地产开发企业土地增值税清算管理有关问题的通知

2006 年 12 月 28 日　国税发〔2006〕187 号

八、清算后再转让房地产的处理

在土地增值税清算时未转让的房地产，清算后销售或有偿转让的，纳税人应按规定进行土地增值税的纳税申报……

## 划重点　消痛点

根据国税发〔2006〕187 号文件第八条的规定，本案例中，H 公司于土地增值税清算后再转让房地产，其扣除项目金额按清算时的单位建筑面积成本费用乘以销售或转让面积计算。

单位建筑面积成本费用 = 清算时的扣除项目总金额 ÷ 清算的总建筑面积

《国家税务总局关于简并税费申报有关事项的公告》(国家税务总局公告 2021 年第 9 号) 附件 2《财产和行为税税源明细表》中"土地增值税税源明细表"的"填表说明"明确，"五、从事房地产开发的纳税人清算后尾盘销售适用……（二）表中项目…… 6. 第 7 栏'单位成本费用'。单位成本费用 = 清算申报时或清算审核确定的扣除项目金额 ÷ 清算的总已售面积。公式中的'扣除项目金额'不包括清算时扣除的'与转让房地产有关的税金'。"

# 第一章 土地增值税

## 第一节 土地增值税的纳税义务人和征税范围

**第 1 集**

### 土地增值税应由谁缴纳？

A 公司是一家商品流通企业，其于 2022 年 5 月将名下的一套商铺转让，取得转让收入 200 万元，其增值额大于零。

A 公司与商铺受让方在转让协议中约定，该商铺转让产生的各项税费由转让方和受让方各自缴纳。

**提问**：林老师，A 公司转让该套商铺，其土地增值税应由谁缴纳？

**林老师解答**

A 公司转让该套商铺，其土地增值税应由 A 公司缴纳。

**TAX 政策依据**

**中华人民共和国土地增值税暂行条例**

2011 年 1 月 8 日 中华人民共和国国务院令第 588 号修订

第二条 转让国有土地使用权、地上的建筑物及其附着物（以下简称转让房地产）并取得收入的单位和个人，为土地增值税的纳税义务人（以下简称纳税人），应当依照本条例缴纳土地增值税。

……

第四条　纳税人转让房地产所取得的收入减除本条例第六条规定扣除项目金额后的余额，为增值额。

## 中华人民共和国土地增值税暂行条例实施细则

1995年1月27日　财法字〔1995〕6号

第二条　条例第二条所称的转让国有土地使用权、地上的建筑物及其附着物并取得收入，是指以出售或者其他方式有偿转让房地产的行为。……

第四条　条例第二条所称的地上的建筑物，是指建于土地上的一切建筑物，包括地上、地下的各种附属设施。

……

第五条　条例第二条所称的收入，包括转让房地产的全部价款及有关的经济收益。

第六条　条例第二条所称的单位，是指各类企业单位、事业单位、国家机关和社会团体及其他组织。

**知识链接**

### 1. 什么是国有土地？

根据《中华人民共和国土地增值税暂行条例实施细则》（财法字〔1995〕6号）第三条的规定，国有土地是指按国家法律规定属于国家所有的土地。

## 2. 什么是附着物？

根据《中华人民共和国土地增值税暂行条例实施细则》（财法字〔1995〕6号）第四条的规定，附着物是指附着于土地上的不能移动，一经移动即遭损坏的物品。

### 第2集

### 转让码头泊位，需要缴纳土地增值税吗？

B公司是一家仓储物流企业，其于2022年5月转让其名下的一个码头泊位，取得转让收入9000万元，其增值额大于零。

提问：林老师，B公司转让该码头泊位，需要缴纳土地增值税吗？

### 林老师解答

需要。

**政策依据**

**国家税务总局关于转让地上建筑物土地增值税征收问题的批复**

2010年7月26日　国税函〔2010〕347号

根据《中华人民共和国土地增值税暂行条例》规定，对转让码头泊位……等基础设施性质的建筑物行为，应当征收土地增值税。

第一章　土地增值税

### 划重点　消痛点

本案例中，假定 B 公司转让其名下的机场跑道，其增值额大于零，则根据国税函〔2010〕347 号文件的规定，该公司需要缴纳土地增值税。

### 第 3 集

**将房屋产权赠与直系亲属，需要缴纳土地增值税吗？**

扫码看视频

张先生于 2022 年 5 月将其名下的一套房屋无偿赠与其儿子。

**提问**：林老师，张先生将其名下的房屋无偿赠与其儿子，需要缴纳土地增值税吗？

### 林老师解答

不需要。

**TAX 政策依据**

**中华人民共和国土地增值税暂行条例实施细则**

1995 年 1 月 27 日　财法字〔1995〕6 号

第二条　条例第二条所称的转让国有土地使用权、地上的建筑物及其附着物并取得收入，……不包括以继承、赠与方式无偿转让房地产的行为。

61

> **财政部　国家税务总局**
> **关于土地增值税一些具体问题规定的通知**
> 1995年5月25日　财税字〔1995〕48号
>
> 四、关于细则中"赠与"所包括的范围问题
> 细则所称的"赠与"是指如下情况：
> （一）房产所有人、土地使用权所有人将房屋产权、土地使用权赠与直系亲属或承担直接赡养义务人的。

### 划重点　消痛点

本案例中，假定张先生将其名下的房屋通过县政府无偿赠与学校用于教育事业，则根据财税字〔1995〕48号文件第四条第（二）款的规定，张先生不需要缴纳土地增值税。

## 第二节　土地增值税的计税依据和税额计算

**第 4 集**

企业转让旧房及建筑物，在计算缴纳土地增值税时，"取得土地使用权所支付的金额"应如何确定？

扫码看视频

　　C公司是一家工业企业，其于2012年3月取得一幅工业用地的国有土地使用权，支付的地价款和按国家统一规定缴纳的有关费用合计为1650万元，取得了合法有效凭证。

　　C公司于2012年4月在该土地上建设一栋厂房，建成后其产权登记在C公司名下。

　　C公司于2022年5月将该栋厂房转让，取得的不含增值税转让收入为5000万元。

　　C公司申报缴纳转让该栋厂房的土地增值税时，按评估价格计算扣除项目金额，旧房及建筑物的评估价格为1920万元，与转让房地产有关的税金为27万元，所转让房地产评估费用为3万元。

　　**提问**：林老师，C公司转让该栋厂房，在计算缴纳土地增值税时，其扣除项目中的"取得土地使用权所支付的金额"应如何确定？

**林老师解答**

　　"取得土地使用权所支付的金额"为C公司支付的地价款和按国家统一规定缴纳的有关费用1650万元。

63

溪发说税之财产行为税篇

> **TAX 政策依据**
>
> **中华人民共和国土地增值税暂行条例实施细则**
>
> 1995年1月27日　财法字〔1995〕6号
>
> 第七条　条例第六条所列的计算增值额的扣除项目，具体为：
> （一）取得土地使用权所支付的金额，是指纳税人为取得土地使用权所支付的地价款和按国家统一规定交纳的有关费用。
>
> **财政部　国家税务总局**
> **关于土地增值税一些具体问题规定的通知**
>
> 1995年5月25日　财税字〔1995〕48号
>
> 七、关于新建房与旧房的界定问题
> 新建房是指建成后未使用的房产。凡是已使用一定时间或达到一定磨损程度的房产均属旧房。……

**划重点　消痛点**

本案例中，假定C公司取得土地使用权时未支付地价款或不能提供已支付的地价款凭据，则根据财税字〔1995〕48号文件第十条的规定，该公司在计算土地增值税时，不允许扣除取得土地使用权所支付的金额。

## 第一章 土地增值税

### 第 5 集　企业转让旧房及建筑物，其土地增值税的扣除项目金额如何确定？

承第 4 集案例。

**提问**：林老师，C 公司转让该栋厂房，在计算缴纳土地增值税时，扣除项目金额如何确定？

#### 林老师解答

C 公司转让该栋厂房，在计算缴纳土地增值税时，其扣除项目金额计算如下：

扣除项目金额
= 取得土地使用权所支付的地价款和按国家统一规定交纳的有关费用 + 房屋及建筑物的评估价格 + 转让环节缴纳的税金 + 所转让房地产评估费用
= 1650 + 1920 + 27 + 3
= 3600（万元）

#### 政策依据

**财政部　国家税务总局**
**关于土地增值税一些具体问题规定的通知**

1995 年 5 月 25 日　财税字〔1995〕48 号

十、关于转让旧房如何确定扣除项目金额的问题

转让旧房的，应按房屋及建筑物的评估价格、取得土地使用权所支付的地价款和按国家统一规定交纳的有关费用以及在转让环节缴纳的税

金作为扣除项目金额计征土地增值税。……

十二、关于评估费用可否在计算增值额时扣除的问题

纳税人转让旧房及建筑物时因计算纳税的需要而对房地产进行评估，其支付的评估费用允许在计算增值额时予以扣除。……

### 划重点　消痛点

本案例中，假定 C 公司支付的房地产评估费用为 3 万元，属于其在土地增值税纳税申报时不据实提供该栋厂房的扣除项目金额而按房地产评估价格计算征收土地增值税所发生的评估费用，则根据财税字〔1995〕48 号文件第十二条的规定，该公司在计算土地增值税时，该项评估费用不允许扣除。

## 第 6 集

### 企业转让旧房及建筑物不能取得评估价格，但能提供购房发票，其土地增值税的扣除项目金额如何确定？

D 公司是一家商品流通企业，其于 2016 年 9 月购置一层办公楼，支付价款 1110 万元，取得增值税专用发票，发票上注明的增值税进项税额 110 万元已申报抵扣。该层办公楼产权登记在 D 公司名下，D 公司因购置该层办公楼缴纳契税 30 万元，取得了契税完税凭证。

D 公司于 2022 年 5 月将该层办公楼转让，取得的不含增值税转让收入为 1500 万元，转让时缴纳的城市维护建设税、教育费附加、地方教育附加、印花税共计 16.95 万元。

**提问**：林老师，D 公司转让该层办公楼，在计算缴纳土地增值税时，扣除项目金额如何确定？

## 第一章 土地增值税

> **林老师解答**

D公司转让该层办公楼,在计算缴纳土地增值税时,扣除项目金额计算如下:

### 1. 计算与转让房地产有关的税金

与转让房地产有关的税金

= 转让时缴纳的城市维护建设税、教育费附加、地方教育附加、印花税 + 购房时缴纳的契税

= 16.95 + 30

= 46.95(万元)

### 2. 计算扣除项目金额

扣除项目金额

= 购房发票所载金额 ×(1 + 5% × 购买年度至转让年度数)+ 与转让房地产有关的税金

=(1110 - 110)×(1 + 5% × 6)+ 46.95

= 1346.95(万元)

> **政策依据**

**财政部　国家税务总局**
**关于土地增值税一些具体问题规定的通知**

1995年5月25日　财税字〔1995〕48号

九、关于计算增值额时扣除已缴纳印花税的问题

细则中规定允许扣除的印花税,是指在转让房地产时缴纳的印花税。房地产开发企业按照《施工、房地产开发企业财务制度》的有关规定,其缴纳的印花税列入管理费用,已相应予以扣除。其他的土地增值税纳税义务人在计算土地增值税时允许扣除在转让时缴纳的印花税。

## 财政部　国家税务总局
## 关于土地增值税若干问题的通知

2006年3月2日　财税〔2006〕21号

二、关于转让旧房准予扣除项目的计算问题

纳税人转让旧房及建筑物，凡不能取得评估价格，但能提供购房发票，经当地税务部门确认，《条例》第六条第（一）、（三）项规定的扣除项目的金额，可按发票所载金额并从购买年度起至转让年度止每年加计5%计算。对纳税人购房时缴纳的契税，凡能提供契税完税凭证的，准予作为"与转让房地产有关的税金"予以扣除，但不作为加计5%的基数。

## 国家税务总局关于土地增值税清算有关问题的通知

2010年5月19日　国税函〔2010〕220号

七、关于转让旧房准予扣除项目的加计问题

《财政部　国家税务总局关于土地增值税若干问题的通知》（财税〔2006〕21号）第二条第一款规定"纳税人转让旧房及建筑物，凡不能取得评估价格，但能提供购房发票的，经当地税务部门确认，《条例》第六条第（一）、（三）项规定的扣除项目的金额，可按发票所载金额并从购买年度起至转让年度止每年加计5%计算"。计算扣除项目时"每年"按购房发票所载日期起至售房发票开具之日止，每满12个月计一年；超过一年，未满12个月但超过6个月的，可以视同为一年。

## 国家税务总局关于营改增后土地增值税若干征管规定的公告

2016年11月10日　国家税务总局公告2016年第70号

六、关于旧房转让时的扣除计算问题

## 第一章 土地增值税

营改增后,纳税人转让旧房及建筑物,凡不能取得评估价格,但能提供购房发票的,《中华人民共和国土地增值税暂行条例》第六条第一、三项规定的扣除项目的金额按照下列方法计算:

……

(三)提供的购房发票为营改增后取得的增值税专用发票的,按照发票所载不含增值税金额加上不允许抵扣的增值税进项税额之和,并从购买年度起至转让年度止每年加计5%计算。

### 划重点 消痛点

本案例中,假定D公司购置该层办公楼取得增值税普通发票,则根据国家税务总局公告2016年第70号第六条第(二)项的规定,D公司在计算土地增值税时,按照发票所载价税合计金额1110万元从购买年度起至转让年度止每年加计5%计算。

### 第7集 企业转让房屋,其土地增值税的应纳税额应如何计算?

E公司是一家广告代理企业,其于2022年5月将其名下的一套商品房转让,取得的不含增值税转让收入为290万元,与转让该套商品房相关的扣除项目金额为185万元。

**提问**:林老师,E公司转让该套商品房,应如何计算缴纳土地增值税?

扫码看视频

69

> 林老师解答

E公司转让该套商品房，土地增值税应纳税额计算如下：

**1. 计算增值额**

增值额 = 转让房地产收入总额 − 扣除项目金额

   = 290 − 185

   = 105（万元）

**2. 计算增值率**

增值率 = 增值额 ÷ 扣除项目金额

   = 105 ÷ 185

   = 56.76%

**3. 计算应纳税额**

增值率为56.76%，适用的土地增值税税率为40%、速算扣除率为5%，应缴纳的土地增值税税额为：

应缴纳的土地增值税税额 = 增值额 × 40% − 扣除项目金额 × 5%

        = 105 × 40% − 185 × 5%

        = 32.75（万元）

> [TAX] 政策依据

### 中华人民共和国土地增值税暂行条例

2011年1月8日 中华人民共和国国务院令第588号修订

第七条 土地增值税实行四级超率累进税率：

……

增值额超过扣除项目金额50%、未超过扣除项目金额100%的部分，税率为40%。

## 第一章　土地增值税

### 中华人民共和国土地增值税暂行条例实施细则

1995年1月27日　财法字〔1995〕6号

**第十条**　条例第七条所列四级超率累进税率，每级"增值额未超过扣除项目金额"的比例，均包括本比例数。

计算土地增值税税额，可按增值额乘以适用的税率减去扣除项目金额乘以速算扣除系数的简便方法计算，具体公式如下：

……

（二）增值额超过扣除项目金额50%，未超过100%的

土地增值税税额＝增值额×40%－扣除项目金额×5%

……

公式中的5%、15%、35%为速算扣除系数。

### 划重点　消痛点

本案例中，假定E公司转让该套商品房，既没有评估价格，又不能提供购房发票，则根据《财政部　国家税务总局关于土地增值税若干问题的通知》（财税〔2006〕21号）第二条的规定，主管税务机关可以根据《中华人民共和国税收征收管理法》第三十五条的规定，对该公司转让该套商品房应缴纳的土地增值税实行核定征收。

## 第三节　土地增值税税收优惠

### 第 8 集
### 企业因旧城改造被依法征收的房地产，可以免征土地增值税吗？

2022 年 5 月，F 公司所在地市政府因旧城改造需要征收 F 公司名下的房屋，F 公司根据与市政府签订的收储协议，取得收储款 320 万元。

**提问**：林老师，F 公司因旧城改造被依法征收的房屋，可以免征土地增值税吗？

**林老师解答**

可以。

**政策依据**

**中华人民共和国土地增值税暂行条例**

2011 年 1 月 8 日　中华人民共和国国务院令第 588 号修订

第八条　有下列情形之一的，免征土地增值税：

……

（二）因国家建设需要依法征收、收回的房地产。

第一章 土地增值税

## 中华人民共和国土地增值税暂行条例实施细则

1995年1月27日 财法字〔1995〕6号

第十一条 ……

条例第八条（二）项所称的因国家建设需要依法征用、收回的房地产，是指因城市实施规划、国家建设的需要而被政府批准征用的房产或收回的土地使用权。

## 财政部 国家税务总局关于土地增值税若干问题的通知

2006年3月2日 财税〔2006〕21号

四、关于因城市实施规划、国家建设需要而搬迁，纳税人自行转让房地产的征免税问题

《中华人民共和国土地增值税暂行条例实施细则》第十一条第四款所称：因"城市实施规划"而搬迁，是指因旧城改造或因企业污染、扰民（指产生过量废气、废水、废渣和噪音，使城市居民生活受到一定危害），而由政府或政府有关主管部门根据已审批通过的城市规划确定进行搬迁的情况；……

### 划重点 消痛点

本案例中，假定F公司所在地市政府因实施省级人民政府批准的建设项目需要征收该公司名下的房屋，则根据财税〔2006〕21号文件第四条的规定，该公司被依法征收的房屋，可以免征土地增值税。

溪发说税之财产行为税篇

### 第 9 集
### 双方合作建房，建成后按比例分房自用，可以免征土地增值税吗？

2021年1月，G公司出地，H公司出资金，双方合作建房。2022年5月房屋建成，G公司和H公司按比例分房自用。

**提问**：林老师，G公司和H公司合作建房，建成后按比例分房自用，可以免征土地增值税吗？

#### 林老师解答

可以。

**TAX 政策依据**

**财政部　国家税务总局**
**关于土地增值税一些具体问题规定的通知**
1995年5月25日　财税字〔1995〕48号

二、关于合作建房的征免税问题

对于一方出地，一方出资金，双方合作建房，建成后按比例分房自用的，暂免征收土地增值税；……

#### 划重点　消痛点

本案例中，假定2022年5月房屋建成，G公司和H公司将其转让，则根据财税字〔1995〕48号文件第二条的规定，G公司和H公司转让房屋，应征收土地增值税。

## 第 10 集 个人之间互换自有居住用房地产，可以免征土地增值税吗？

2022 年 5 月，李先生和蔡先生互换自有居住用房屋。

**提问**：林老师，李先生和蔡先生互换自有居住用房地产，可以免征土地增值税吗？

### 林老师解答

可以。

**政策依据**

**财政部　国家税务总局**
**关于土地增值税一些具体问题规定的通知**

1995 年 5 月 25 日　财税字〔1995〕48 号

五、关于个人互换住房的征免税问题

对个人之间互换自有居住用房地产的，经当地税务机关核实，可以免征土地增值税。

## 溪发说税之财产行为税篇

### 第 11 集
### 企业转让旧房作为改造安置住房房源且增值额未超过扣除项目金额 20%，可以免征土地增值税吗？

I 公司是一家商务辅助服务企业，其于 2022 年 5 月转让旧房作为改造安置住房房源，该改造安置住房符合《财政部 国家税务总局关于棚户区改造有关税收政策的通知》（财税〔2013〕101 号）规定的条件。

I 公司转让该旧房的增值额未超过扣除项目金额 20%。

提问：林老师，I 公司转让该旧房，可以免征土地增值税吗？

### 林老师解答

可以。

**政策依据**

**财政部 国家税务总局**
**关于棚户区改造有关税收政策的通知**

2013 年 12 月 2 日 财税〔2013〕101 号

二、企事业单位、社会团体以及其他组织转让旧房作为改造安置住房房源且增值额未超过扣除项目金额 20% 的，免征土地增值税。

……

六、本通知所称……改造安置住房是指相关部门和单位与棚户区被征收人签订的房屋征收（拆迁）补偿协议或棚户区改造合同（协议）中明确用于安置被征收人的住房或通过改建、扩建、翻建等方式实施改造的住房。

第一章　土地增值税

### 划重点　消痛点

本案例中，假定 I 公司转让旧房作为廉租住房、经济适用住房房源且增值额未超过扣除项目金额 20%，则根据《财政部　国家税务总局关于廉租住房　经济适用住房和住房租赁有关税收政策的通知》（财税〔2008〕24号）第一条第（三）款的规定，该公司转让旧房，免征土地增值税。

### 第 12 集

**企业整体改制涉及的房地产权属变更，需要缴纳土地增值税吗？**

扫码看视频

A 有限责任公司是一家工业企业，其于 2022 年 5 月按照《中华人民共和国公司法》有关规定整体改制为 A 股份有限公司，改制后的 A 股份有限公司不改变 A 有限责任公司的投资主体，并承继原 A 有限责任公司的权利、义务。

改制后的 A 股份有限公司属于工业企业。

A 有限责任公司因企业整体改制，将其名下的一栋厂房变更到 A 股份有限公司。

**提问**：林老师，A 有限责任公司因企业整体改制，将该栋厂房变更到 A 股份有限公司，需要缴纳土地增值税吗？

### 林老师解答

不需要。

## 溪发说税之财产行为税篇

> **政策依据**
>
> **财政部　税务总局**
> **关于继续实施企业改制重组有关土地增值税政策的公告**
>
> 2021年5月31日　财政部　税务总局公告2021年第21号
>
> 一、企业按照《中华人民共和国公司法》有关规定整体改制，包括……有限责任公司变更为股份有限公司……，对改制前的企业将国有土地使用权、地上的建筑物及其附着物（以下称房地产）转移、变更到改制后的企业，暂不征土地增值税。
>
> 本公告所称整体改制是指不改变原企业的投资主体，并承继原企业权利、义务的行为。
>
> ……
>
> 八、本公告所称不改变原企业投资主体、投资主体相同，是指企业改制重组前后出资人不发生变动，出资人的出资比例可以发生变动；……
>
> 九、本公告执行期限为2021年1月1日至2023年12月31日。……

### 划重点　消痛点

根据财政部、税务总局公告2021年第21号第一条的规定，企业整体改制涉及的房地产权属变更享受暂不征土地增值税的优惠政策，除本案例中的有限责任公司变更为股份有限公司外，还包括非公司制企业改制为有限责任公司或股份有限公司，股份有限公司变更为有限责任公司。

第一章 土地增值税

## 第 13 集
### 企业合并涉及的房地产权属转移，需要缴纳土地增值税吗？

扫码看视频

B 公司和 C 公司均为医药制造企业。

2022 年 5 月，B 公司、C 公司按照合同约定合并为甲公司，合并后原 B 公司、C 公司投资主体存续，B 公司、C 公司解散。

合并后的甲公司仍属于医药制造企业。

B 公司因公司合并，将其名下的一栋厂房转移到合并后的甲公司。

**提问**：林老师，B 公司因公司合并，将该栋厂房转移到甲公司，需要缴纳土地增值税吗？

### 林老师解答

不需要。

**政策依据**

**财政部　税务总局**
**关于继续实施企业改制重组有关土地增值税政策的公告**

2021 年 5 月 31 日　财政部　税务总局公告 2021 年第 21 号

二、按照法律规定或者合同约定，两个或两个以上企业合并为一个企业，且原企业投资主体存续的，对原企业将房地产转移、变更到合并后的企业，暂不征土地增值税。

……

八、本公告所称……投资主体存续，是指原企业出资人必须存在于改制重组后的企业，出资人的出资比例可以发生变动。

79

## 第 14 集
### 企业分立涉及的房地产权属转移，需要缴纳土地增值税吗？

D公司是一家商品流通企业，其于2022年5月按照合同约定分立为乙公司和丙公司，分立后D公司解散，乙公司、丙公司的投资主体与原D公司的投资主体相同。

分立后的乙公司、丙公司均为商品流通企业。

D公司因公司分立，将其名下的一层办公楼转移到分立后的乙公司。

**提问**：林老师，D公司因公司分立，将该层办公楼转移到乙公司，需要缴纳土地增值税吗？

### 林老师解答

不需要。

**政策依据**

**财政部　税务总局**
**关于继续实施企业改制重组有关土地增值税政策的公告**

2021年5月31日　财政部　税务总局公告2021年第21号

三、按照法律规定或者合同约定，企业分设为两个或两个以上与原企业投资主体相同的企业，对原企业将房地产转移、变更到分立后的企业，暂不征土地增值税。

第一章　土地增值税

### 第 15 集
### 改制重组时个人以房地产作价入股进行投资，需要缴纳土地增值税吗？

扫码看视频

在丁公司改制重组时，张先生以其名下的一套房屋作价入股投资于丁公司，并于 2022 年 5 月将该房屋转移到丁公司。

丁公司属于食品生产企业。

提问：林老师，张先生因投资入股，将该房屋转移到丁公司，需要缴纳土地增值税吗？

### 林老师解答

不需要。

**政策依据**

**财政部　税务总局**
**关于继续实施企业改制重组有关土地增值税政策的公告**

2021 年 5 月 31 日　财政部　税务总局公告 2021 年第 21 号

四、……个人在改制重组时以房地产作价入股进行投资，对其将房地产转移、变更到被投资的企业，暂不征土地增值税。

溪发说税之财产行为税篇

## 延伸案例

### 改制重组时单位以房地产作价入股进行投资，需要缴纳土地增值税吗？

甲公司和丁公司均属于食品生产企业。

在丁公司改制重组时，甲公司以一栋厂房作价入股投资于丁公司，并于2022年5月将该栋厂房转移到丁公司。

提问：林老师，甲公司因投资入股，将该栋厂房转移到丁公司，需要缴纳土地增值税吗？

#### 林老师解答

不需要。

**TAX 政策依据**

**财政部　税务总局**
**关于继续实施企业改制重组有关土地增值税政策的公告**
2021年5月31日　财政部　税务总局公告2021年第21号

四、单位……在改制重组时以房地产作价入股进行投资，对其将房地产转移、变更到被投资的企业，暂不征土地增值税。

第一章 土地增值税

### 第 16 集 房地产开发企业以房地产作价入股进行投资，可以享受暂不征收土地增值税的优惠政策吗？

E 公司是一家房地产开发企业。

E 公司在戊公司改制重组时，以其开发的房地产作价入股投资于戊公司，并于 2022 年 5 月将其开发的房地产转移到戊公司。

**提问**：林老师，E 公司因投资入股，将其开发的房产转移到戊公司，可以享受暂不征收土地增值税的优惠政策吗？

### 林老师解答

不可以。

**政策依据**

**财政部　税务总局**
**关于继续实施企业改制重组有关土地增值税政策的公告**

2021 年 5 月 31 日　财政部　税务总局公告 2021 年第 21 号

五、上述改制重组有关土地增值税政策不适用于房地产转移任意一方为房地产开发企业的情形。

83

溪发说税之财产行为税篇

## 第 17 集
### 改制重组后再转让房地产，"取得土地使用权所支付的金额"应如何确定？

F公司和己公司均属于软件开发企业。

2021年12月，F公司于己公司改制重组时以一宗国有土地使用权对己公司进行投资，F公司该项投资涉及的土地使用权权属转移已享受暂不征收土地增值税的优惠政策。

F公司取得该宗国有土地使用权所支付的地价款和按国家统一规定缴纳的有关费用为5200万元。

己公司于2022年5月将接受投资取得的该宗国有土地使用权转让，取得转让收入6000万元。

**提问：** 林老师，己公司转让上述国有土地使用权，在申报缴纳土地增值税时，"取得土地使用权所支付的金额"应如何确定？

### 林老师解答

己公司取得土地使用权所支付的金额，按照改制重组前F公司取得该宗国有土地使用权所支付的地价款和按国家统一规定缴纳的有关费用5200万元确定。

**TAX 政策依据**

**财政部　税务总局**
**关于继续实施企业改制重组有关土地增值税政策的公告**

2021年5月31日　财政部　税务总局公告2021年第21号

六、改制重组后再转让房地产并申报缴纳土地增值税时，对"取得

## 第一章 土地增值税

土地使用权所支付的金额",按照改制重组前取得该宗国有土地使用权所支付的地价款和按国家统一规定缴纳的有关费用确定……

### 划重点 消痛点

本案例中,假定2021年12月,F公司经批准以国有土地使用权作价出资入股己公司,己公司于2022年5月将接受投资取得的该宗国有土地使用权转让,则根据财政部、税务总局公告2021年第21号第六条的规定,己公司在申报缴纳土地增值税时,其取得土地使用权所支付的金额,按照F公司作价入股时县级及以上自然资源部门批准的评估价格确认。

再假定,2021年12月,F公司以购置的一层办公楼作价出资入股己公司,己公司于2022年5月将接受投资取得的该层办公楼转让,则根据财政部、税务总局公告2021年第21号第六条的规定,己公司在申报缴纳土地增值税时,若按购房发票计算扣除项目金额,应按照改制重组前F公司的购房发票所载金额并从购买年度起至本次转让年度止每年加计5%计算扣除项目金额,购买年度是指购房发票所载日期的当年。

### 知识链接

#### 被撤销金融机构以不动产清偿债务,可以免征土地增值税吗?

根据《财政部 国家税务总局关于被撤销金融机构有关税收政策问题的通知》(财税〔2003〕141号)第二条第4项的规定,对被撤销金融机构财产用来清偿债务时,免征被撤销金融机构转让不动产应缴纳的土地增值税。

溪发说税之财产行为税篇

> 享受税收优惠政策的主体是指经中国人民银行依法决定撤销的金融机构及其分设于各地的分支机构,包括被依法撤销的商业银行、信托投资公司、财务公司、金融租赁公司、城市信用社和农村信用社。除另有规定者外,被撤销的金融机构所属、附属企业,不享受财税〔2003〕141号文件规定的被撤销金融机构的税收优惠政策。

## 第四节　土地增值税征收管理

### 第 18 集　企业有意低报办公楼的转让价款，税务机关可以根据评估价格确定转让该办公楼的收入吗？

G 公司是一家外贸企业，其于 2022 年 5 月将其名下的一层办公楼转让。

G 公司在申报缴纳土地增值税时，有意低报该层办公楼的转让价款。

**提问**：林老师，G 公司有意低报该办公楼的转让价款，税务机关可以根据评估价格确定转让该层办公楼的收入吗？

### 林老师解答

可以。

**政策依据**

**中华人民共和国土地增值税暂行条例**

2011 年 1 月 8 日　中华人民共和国国务院令第 588 号修订

第九条　纳税人有下列情形之一的，按照房地产评估价格计算征收：

（一）隐瞒、虚报房地产成交价格的；

……

## 中华人民共和国土地增值税暂行条例
## 实施细则

1995年1月27日　财法字〔1995〕6号

**第十四条**　条例第九条（一）项所称的隐瞒、虚报房地产成交价格，是指纳税人不报或有意低报转让土地使用权、地上建筑物及其附着物价款的行为。

……

隐瞒、虚报房地产成交价格，应由评估机构参照同类房地产的市场交易价格进行评估。税务机关根据评估价格确定转让房地产的收入。

### 划重点　消痛点

根据《中华人民共和国土地增值税暂行条例》第九条的规定，按照房地产评估价格计算征收土地增值税的情形，除本案例中的情形外，还包括以下情形：

1. 提供扣除项目金额不实的；
2. 转让房地产的成交价格低于房地产评估价格，又无正当理由的。

## 第 19 集

### 企业转让厂房，其土地增值税的纳税地点应如何确定？

H 公司是一家工业企业，其于 2022 年 5 月将其名下的一栋厂房转让，该栋厂房的坐落地在甲县。

**提问**：林老师，H 公司转让该栋厂房，其土地增值税的纳税地点应如何确定？

**林老师解答**

H 公司应向该栋厂房所在地即甲县的主管税务机关办理转让厂房的土地增值税纳税申报。

**政策依据**

**中华人民共和国土地增值税暂行条例**

2011 年 1 月 8 日　中华人民共和国国务院令第 588 号修订

第十条　纳税人应当自转让房地产合同签订之日起 7 日内向房地产所在地主管税务机关办理纳税申报，并在税务机关核定的期限内缴纳土地增值税。

溪发说税之财产行为税篇

> **中华人民共和国土地增值税暂行条例**
> **实施细则**
>
> 1995年1月27日　财法字〔1995〕6号
>
> 第十七条　条例第十条所称的房地产所在地，是指房地产的坐落地。……

**划重点　消痛点**

本案例中，假定H公司还于2022年5月转让其位于北京市丰台区的一套商品房，则根据《中华人民共和国土地增值税暂行条例实施细则》第十七条的规定，该公司除就转让厂房向甲县的主管税务机关办理土地增值税纳税申报外，还应就转让商品房向北京市丰台区的主管税务机关办理土地增值税纳税申报。

# 第二章 房产税

## 第一节 房产税的纳税义务人和征税范围

### 第 20 集

### 房产税应由谁缴纳？

A 公司于 2020 年 5 月在县城自建一栋办公楼，该栋办公楼于 2022 年 3 月建成，其产权登记在 A 公司名下。

提问：林老师，该栋办公楼的房产税应由谁缴纳？

**林老师解答**

该栋办公楼的房产税应由 A 公司缴纳。

**政策依据**

**中华人民共和国房产税暂行条例**

2011 年 1 月 8 日  中华人民共和国国务院令第 588 号修订

第一条  房产税在城市、县城、建制镇和工矿区征收。

第二条  房产税由产权所有人缴纳。……

……

第十一条  本条例自 1986 年 10 月 1 日起施行。

## 溪发说税之财产行为税篇

> **财政部税务总局**
> **关于房产税若干具体问题的解释和暂行规定**
>
> 1986年9月25日　财税地字〔1986〕8号
>
> 一、关于城市、县城、建制镇、工矿区的解释
>
> ……
>
> 县城是指未设立建制镇的县人民政府所在地。

### 划重点　消痛点

根据《中华人民共和国房产税暂行条例》第二条规定，房产的产权属于全民所有的，由经营管理的单位缴纳；产权出典的，由承典人缴纳；产权所有人、承典人不在房产所在地的，或者产权未确定及租典纠纷未解决的，由房产代管人或者使用人缴纳。产权所有人、经营管理单位、承典人、房产代管人或者使用人，统称为房产税的纳税义务人。

### 知识链接

#### 1."房产"的解释

根据《财政部税务总局关于房产税和车船使用税几个业务问题的解释与规定》（财税地字〔1987〕3号）第一条第一款、第二款的规定，"房产"是以房屋形态表现的财产。房屋是指有屋面和围护结构（有墙或两边有柱），能够遮风避雨，可供人们在其中生产、工作、学习、娱乐、居住或储藏物资的场所；独立于房屋之外的建筑物，如围墙、烟囱、水塔、变电塔、油池油柜、酒窖菜窖、酒精池、糖蜜池、室外游泳池、玻

璃暖房、砖瓦石灰窑以及各种油气罐等，不属于房产。

## 2."房屋附属设备"的解释

根据《财政部税务总局关于房产税和车船使用税几个业务问题的解释与规定》（财税地字〔1987〕3号）第二条规定，房产原值应包括与房屋不可分割的各种附属设备或一般不单独计算价值的配套设施。主要有：暖气、卫生、通风、照明、煤气等设备；各种管线，如蒸气、压缩空气、石油、给水排水等管道及电力、电讯、电缆导线；电梯、升降机、过道、晒台等。属于房屋附属设备的水管、下水道、暖气管、煤气管等从最近的探视井或三通管算起，电灯网、照明线从进线盒联接管算起。

### 第21集
#### 房地产开发企业建造的商品房在售出前未被使用或出租、出借，需要缴纳房产税吗？

B公司是一家房地产开发企业，于2022年3月开始在县城建造商品房。

**提问**：林老师，B公司建造的商品房，在售出前未被使用或出租、出借，需要缴纳房产税吗？

**林老师解答**

不需要。

溪发说税之财产行为税篇

> **TAX 政策依据**
>
> **国家税务总局关于房产税 城镇土地使用税**
> **有关政策规定的通知**
>
> 2003年7月15日 国税发〔2003〕89号
>
> 一、关于房地产开发企业开发的商品房征免房产税问题
>
> 鉴于房地产开发企业开发的商品房在出售前，对房地产开发企业而言是一种产品，因此，对房地产开发企业建造的商品房，在售出前，不征收房产税；……

**划重点 消痛点**

本案例中，假定B公司开发的一套商品房在售出前已使用，则根据国税发〔2003〕89号文件第一条的规定，该套商品房应按规定征收房产税。

## 第二节　房产税的计税依据和税额计算

### 第 22 集

**购置的商场用于生产经营，其房产税应如何计算？**

C 公司于 2022 年 3 月在县城购置一栋商场，其产权登记在 C 公司名下。

**提问**：林老师，该栋商场由 C 公司用于生产经营，其房产税应如何计算缴纳？

### 林老师解答

该商场应缴纳的房产税计算如下：

应纳税额 = 房产计税原值 × 适用税率

其中：房产计税原值 = 房产原值 × （1− 原值减除比例）

**TAX 政策依据**

**中华人民共和国房产税暂行条例**

2011 年 1 月 8 日　中华人民共和国国务院令第 588 号修订

第三条　房产税依照房产原值一次减除 10% 至 30% 后的余值计算缴纳。具体减除幅度，由省、自治区、直辖市人民政府规定。

……

第四条　房产税的税率，依照房产余值计算缴纳的，税率为 1.2%；……

## 财政部　国家税务总局
## 关于房产税　城镇土地使用税有关问题的通知

2008年12月18日　财税〔2008〕152号

一、关于房产原值如何确定的问题

对依照房产原值计税的房产，不论是否记载在会计账簿固定资产科目中，均应按照房屋原价计算缴纳房产税。……

四、本通知自2009年1月1日起执行。

### 划重点　消痛点

根据财税〔2008〕152号文件第一条的规定，本案例中，C公司应根据国家有关会计制度规定核算该商场的原价；若未按国家会计制度规定核算并记载，则应按规定调整或重新评估该商场的原价。

### 第23集

**厂房按照房产原值计算缴纳房产税，其房产原值包含地价吗？**

D公司于2020年10月在建制镇取得一幅工业用地土地使用权，用于建设一栋工业厂房。该栋厂房于2022年3月建成，宗地容积率为4，其产权登记在该公司名下。

**提问**：林老师，该栋厂房由D公司用于生产经营，按照房产原值计算缴纳房产税，其房产原值包含地价吗？

## 第二章 房产税

**林老师解答**

该栋厂房按照房产原值计算缴纳房产税,其房产原值应包含地价。

**政策依据**

### 财政部 国家税务总局
### 关于安置残疾人就业单位城镇土地使用税等政策的通知

2010年12月21日 财税〔2010〕121号

三、关于将地价计入房产原值征收房产税问题

对按照房产原值计税的房产,无论会计上如何核算,房产原值均应包含地价,包括为取得土地使用权支付的价款、开发土地发生的成本费用等。……

本通知自发文之日起执行。……

### 财政部税务总局
### 关于房产税若干具体问题的解释和暂行规定

1986年9月25日 财税地字〔1986〕8号

一、关于城市、县城、建制镇、工矿区的解释

……

建制镇是指经省、自治区、直辖市人民政府批准设立的建制镇。

……

二、关于城市、建制镇征税范围的解释

……

建制镇的征税范围为镇人民政府所在地。不包括所辖的行政村。

97

### 划重点 消痛点

本案例中，假定 D 公司宗地容积率为 0.4，低于 0.5，则根据财税〔2010〕121 号文件第三条的规定，应按房产建筑面积的 2 倍计算土地面积并据此确定计入房产原值的地价。

### 知识链接

#### 1. 房产税涉及的"城市"的涵义

根据财税地字〔1986〕8 号文件附件一《关于房产税若干具体问题的解释和暂行规定》第一条第一款的规定，城市是指经国务院批准设立的市。

#### 2. 房产税涉及的"工矿区"的涵义

根据财税地字〔1986〕8 号文件附件一《关于房产税若干具体问题的解释和暂行规定》第一条第四款的规定，工矿区是指工商业比较发达、人口比较集中，符合国务院法规的建制镇标准，但尚未设立镇建制的大中型工矿企业所在地。开征房产税的工矿区须经省、自治区、直辖市人民政府批准。

## 3. "城市"的房产税征税范围包括哪些？

根据财税地字〔1986〕8号文件附件一《关于房产税若干具体问题的解释和暂行规定》第二条第一款的规定，城市的征税范围为市区、郊区和市辖县县城；不包括农村。

### 第 24 集

**厂房出租，其房产税应如何计算？**

E公司属于增值税一般纳税人，其于2022年3月在县城购置一层办公楼，并将办公楼产权登记在E公司名下。当月E公司将该层办公楼出租，取得租金收入10万元（不含增值税）。

**提问：** 林老师，E公司出租该层办公楼，其房产税应如何计算？

### 林老师解答

E公司出租该层办公楼，应缴纳的房产税计算如下：
应纳税额 = 租金收入 × 适用税率 = 10 × 12% = 1.2（万元）

**TAX 政策依据**

**中华人民共和国房产税暂行条例**

2011年1月8日 中华人民共和国国务院令第588号修订

第三条 ……房产出租的，以房产租金收入为房产税的计税依据。
第四条 ……依照房产租金收入计算缴纳的，税率为12%。

溪发说税之 财产行为税篇

> **财政部 国家税务总局关于**
> **营改增后契税 房产税 土地增值税 个人所得税**
> **计税依据问题的通知**
>
> 2016年4月25日 财税〔2016〕43号
>
> 二、房产出租的，计征房产税的租金收入不含增值税。
> ……
> 本通知自2016年5月1日起执行。

### 划重点 消痛点

本案例中，假定E公司为小型微利企业，则根据《财政部 税务总局关于进一步实施小微企业"六税两费"减免政策的公告》（财政部 税务总局公告2022年第10号）第一条、第四条的规定，E公司2022年3月取得的租金收入，可以在50%的税额幅度内减征房产税。

## 第25集

### 出租商铺免收租金期间，其房产税应如何计算缴纳？

F公司于2022年3月在县城购置一套商铺，其产权登记在F公司名下。

F公司于当月将该商铺出租，租赁双方签订的租赁合同约定，自2022年3—5月免收租金。

**提问**：林老师，F公司出租该商铺免收租金期间，其房产税应如何计算缴纳？

## 第二章 房产税

### 林老师解答

F公司出租该商铺免收租金期间的房产税，由该公司按照房产原值计算缴纳。

### TAX 政策依据

**财政部　国家税务总局**
**关于安置残疾人就业单位城镇土地使用税等政策的通知**

2010年12月21日　财税〔2010〕121号

二、关于出租房产免收租金期间房产税问题

对出租房产，租赁双方签订的租赁合同约定有免收租金期限的，免收租金期间由产权所有人按照房产原值缴纳房产税。

……

本通知自发文之日起执行。……

## 知识链接

### 1. 无租使用其他单位房产的房产税

根据《财政部　国家税务总局关于房产税　城镇土地使用税有关问题的通知》（财税〔2009〕128号）第一条规定，无租使用其他单位房产的应税单位和个人，依照房产余值代缴纳房产税。

### 2. 出典房产的房产税

根据财税〔2009〕128号文件第二条规定，产权出典的房产，由承典人依照房产余值缴纳房产税。

## 3. 融资租赁房产的房产税

根据财税〔2009〕128号文件第三条规定，融资租赁的房产，由承租人自融资租赁合同约定开始日的次月起依照房产余值缴纳房产税。合同未约定开始日的，由承租人自合同签订的次月起依照房产余值缴纳房产税。

## 第三节　房产税税收优惠

**第 26 集**

**市政府自用的办公楼，可以免征房产税吗？**

扫码看视频

A 市政府于 2022 年 3 月取得一栋办公楼，其产权登记在 A 市政府的名下。

该栋办公楼由 A 市政府作为办公用房和公务用房自用。

**提问**：林老师，A 市政府自用的该栋办公楼，可以免征房产税吗？

**林老师解答**

可以。

**TAX 政策依据**

**中华人民共和国房产税暂行条例**

2011 年 1 月 8 日　中华人民共和国国务院令第 588 号修订

第五条　下列房产免纳房产税：

一、国家机关、人民团体、军队自用的房产；

……

溪发说税之财产行为税篇

> **财政部税务总局**
> **关于房产税若干具体问题的解释和暂行规定**
>
> 1986年9月25日　财税地字〔1986〕8号
>
> 六、关于免税单位自用房产的解释
>
> 国家机关、人民团体、军队自用的房产，是指这些单位本身的办公用房和公务用房。

## 第 27 集

### 事业单位自用的办公楼，可以免征房产税吗？

B 单位是一家由国家财政部门拨付事业经费的事业单位。

B 单位于 2022 年 3 月取得一层办公楼，其产权登记在 B 单位的名下。

该办公楼由 B 单位作为本身的业务用房自用。

**提问**：林老师，B 单位自用的该办公楼，可以免征房产税吗？

### 林老师解答

可以。

104

## 政策依据

### 中华人民共和国房产税暂行条例

2011年1月8日　中华人民共和国国务院令第588号修订

第五条　下列房产免纳房产税：

……

二、由国家财政部门拨付事业经费的单位自用的房产；

……

### 财政部税务总局
### 关于房产税若干具体问题的解释和暂行规定

1986年9月25日　财税地字〔1986〕8号

六、……

事业单位自用的房产，是指这些单位本身的业务用房。

## 第28集

### 宗教寺庙自用的房产，可以免征房产税吗？

扫码看视频

C寺庙于2022年3月取得一栋大楼，其产权登记在C寺庙的名下。

该栋大楼由C寺庙作为举行宗教仪式用房和宗教人员生活用房自用。

提问：林老师，C寺庙自用的该栋大楼，可以免征房产税吗？

### 林老师解答

可以。

**政策依据**

**中华人民共和国房产税暂行条例**

2011年1月8日　中华人民共和国国务院令第588号修订

第五条　下列房产免纳房产税：

……

三、宗教寺庙、公园、名胜古迹自用的房产；

……

**财政部税务总局**
**关于房产税若干具体问题的解释和暂行规定**

1986年9月25日　财税地字〔1986〕8号

六、……

宗教寺庙自用的房产，是指举行宗教仪式等的房屋和宗教人员使用的生活用房屋。

## 第29集

### 公园自用的房产，可以免征房产税吗？

D 公园于 2022 年 3 月取得一处房产，其产权登记在 D 公园的名下。

该房产由 D 公园作为供公共参观游览的房屋及其管理单位的办公用房屋自用。

**提问**：林老师，D 公园自用的该房产，可以免征房产税吗？

### 林老师解答

可以。

**TAX 政策依据**

**中华人民共和国房产税暂行条例**

2011 年 1 月 8 日　中华人民共和国国务院令第 588 号修订

第五条　下列房产免纳房产税：

……

三、宗教寺庙、公园、名胜古迹自用的房产；

……

## 溪发说税之财产行为税篇

> **财政部税务总局**
> **关于房产税若干具体问题的解释和暂行规定**
>
> 1986年9月25日 财税地字〔1986〕8号
>
> 六、……
> 公园、名胜古迹自用的房产，是指供公共参观游览的房屋及其管理单位的办公用房屋。

### 划重点 消痛点

第26集—第29集案例所例举的免税单位出租的房产以及非本身业务用的生产、营业用房产不属于免税范围，应征收房产税。

### 第30集

### 学校自用的房产，可以免征房产税吗？

E中学是一家由国家拨付事业经费的学校。

E中学于2022年3月取得一栋大楼，其产权登记在E中学的名下。

该栋大楼由E中学作为教学用房屋自用。

提问：林老师，E中学自用的该栋大楼，可以免征房产税吗？

扫码看视频

### 林老师解答

可以。

**TAX 政策依据**

**财政部　国家税务总局关于教育税收政策的通知**

2004年2月5日　财税〔2004〕39号

二、关于房产税、城镇土地使用税、印花税

对国家拨付事业经费和企业办的各类学校、托儿所、幼儿园自用的房产……，免征房产税……

六、本通知自2004年1月1日起执行……

### 划重点　消痛点

根据财税〔2004〕39号文件第二条规定，本案例中，E中学自用的土地，可以免征城镇土地使用税。

## 第31集

### 体育场馆用于体育活动的房产，可以免征房产税吗？

扫码看视频

F体育中心是一家当地市政府拥有的为运动训练、运动竞赛及身体锻炼提供专业性场所的体育场馆。

F体育中心于2022年2月取得一栋体育馆，其产权登记在F体育中心的名下。

该栋体育馆包括运动场地、看台、辅助用房及占地、场馆配套设施几个部分，均用于体育活动。

2022年，该栋体育馆用于体育活动的天数超过全年自然天数的70%。

提问：林老师，F体育中心用于体育活动的该栋体育馆，2022年度可以免征房产税吗？

### 林老师解答

可以。

#### 政策依据

**财政部　国家税务总局**
**关于体育场馆房产税和城镇土地使用税政策的通知**

2015年12月17日　财税〔2015〕130号

一、国家机关、军队、人民团体、财政补助事业单位、居民委员会、村民委员会拥有的体育场馆，用于体育活动的房产、土地，免征房产税和城镇土地使用税。

……

四、本通知所称体育场馆，是指用于运动训练、运动竞赛及身体锻炼的专业性场所。

……

五、本通知所称用于体育活动的房产、土地，是指运动场地，看台、辅助用房（包括观众用房、运动员用房、竞赛管理用房、新闻媒介用房、广播电视用房、技术设备用房和场馆运营用房等）及占地，以及场馆配套设施（包括通道、道路、广场、绿化等）。

六、享受上述税收优惠体育场馆的运动场地用于体育活动的天数不得低于全年自然天数的70%。

……

九、本通知自 2016 年 1 月 1 日起执行。……

## 第 32 集

### 非营利性医疗机构自用的房产，可以免征房产税吗？

G 医院是一家非营利性医疗机构，按《医疗机构管理条例》进行设置审批和登记注册，并由接受其登记注册的卫生行政部门核定，在执业登记中注明"非营利性医疗机构"。

G 医院于 2022 年 3 月取得一栋大楼，其产权登记在 G 医院的名下。

该栋大楼由 G 医院自用。

**提问**：林老师，G 医院自用的该栋大楼，可以免征房产税吗？

### 林老师解答

可以。

**政策依据**

**财政部　国家税务总局**
**关于医疗卫生机构有关税收政策的通知**

2000 年 7 月 10 日　财税〔2000〕42 号

一、关于非营利性医疗机构的税收政策

……

（五）对非营利性医疗机构自用的房产……，免征房产税……

医疗机构需要书面向卫生行政主管部门申明其性质，按《医疗机构管理条例》进行设置审批和登记注册，并由接受其登记注册的卫生行政部门核定，在执业登记中注明"非营利性医疗机构"和"营利性医疗机构"。

上述医疗机构具体包括：各级各类医院……

本通知自发布之日起执行。

### 第33集

#### 疾病控制机构自用的房产，可以免征房产税吗？

H疾病控制中心是一家疾病控制机构。

H疾病控制中心于2022年3月取得一栋大楼，其产权登记在H疾病控制中心的名下。

该栋大楼由H疾病控制中心自用。

提问：林老师，H疾病控制中心自用的该栋大楼，可以免征房产税吗？

### 林老师解答

可以。

## 第二章 房产税

> **政策依据**
>
> **财政部　国家税务总局**
> **关于医疗卫生机构有关税收政策的通知**
>
> 2000年7月10日　财税〔2000〕42号
>
> 三、关于疾病控制机构和妇幼保健机构等卫生机构的税收政策。
> ……
> （二）对疾病控制机构和妇幼保健机构等卫生机构自用的房产……，免征房产税……

### 第34集　非营利性老年服务机构自用的房产，可以免征房产税吗？

I老年社会福利院是一家由政府部门投资兴办的专门为老年人提供生活照料、文化、护理、健身等多方面服务的非营利性的老年服务机构。

I老年社会福利院于2022年3月取得一栋大楼，其产权登记在I老年社会福利院的名下。

该栋大楼由I老年社会福利院自用。

**提问**：林老师，I老年社会福利院自用的该栋大楼，可以免征房产税吗？

**林老师解答**

可以。

113

## 政策依据

**财政部　国家税务总局**
**关于对老年服务机构有关税收政策问题的通知**

2000年11月24日　财税〔2000〕97号

一、对政府部门和企事业单位、社会团体以及个人等社会力量投资兴办的福利性、非营利性的老年服务机构，暂免征收……老年服务机构自用房产……的房产税……

三、本通知所称老年服务机构，是指专门为老年人提供生活照料、文化、护理、健身等多方面服务的福利性、非营利性的机构，主要包括：老年社会福利院、敬老院（养老院）、老年服务中心、老年公寓（含老年护理院、康复中心、托老所）等。

本通知自2000年10月1日起执行。

### 第 35 集

### 非营利性科研机构自用的房产，可以免征房产税吗？

J研究院是一家经接受其登记注册的科技行政部门核定的非营利性科研机构。该研究院以推动科技进步为宗旨，不以营利为目的，主要从事应用基础研究。

J研究院于2022年3月取得一栋大楼，其产权登记在J研究院的名下。该栋大楼由J研究院自用。

**提问**：林老师，J研究院自用的该栋大楼，可以免征房产税吗？

## 第二章 房产税

### 林老师解答

可以。

**政策依据**

财政部　国家税务总局
关于非营利性科研机构税收政策的通知

2001年2月9日　财税〔2001〕5号

一、非营利性科研机构要以推动科技进步为宗旨，不以营利为目的，主要从事应用基础研究或向社会提供公共服务。非营利性科研机构的认定标准，由科技部会同财政部、中编办、国家税务总局另行制定。非营利性科研机构需要书面向科技行政主管部门申明其性质，按规定进行设置审批和登记注册，并由接受其登记注册的科技行政部门核定，在执业登记中注明"非营利性科研机构"。

二、非营利性科研机构享受如下税收优惠政策：

……

3.非营利性科研机构自用的房产……，免征房产税……

本通知自2001年1月1日起执行。……

溪发说税之财产行为税篇

### 第 36 集
**由财政部门拨付事业经费的文化事业单位转制为企业，其自用的房产可以自转制注册之日起 5 年内免征房产税吗？**

K 出版社属于由财政部门拨付事业经费的文化事业单位，其于 2022 年 3 月整体转制为企业并进行企业法人登记，符合《财政部 税务总局 中央宣传部关于继续实施文化体制改革中经营性文化事业单位转制为企业若干税收政策的通知》（财税〔2019〕16 号）第二条规定的条件。

K 出版社名下有一栋办公楼，该栋办公楼由 K 出版社自用。

**提问**：林老师，K 出版社自用的该栋办公楼，可以自转制注册之日 2022 年 3 月起五年内免征房产税吗？

### 林老师解答

可以。

**政策依据**

**财政部 税务总局 中央宣传部**
**关于继续实施文化体制改革中经营性文化事业单位**
**转制为企业若干税收政策的通知**

2019 年 2 月 16 日  财税〔2019〕16 号

一、经营性文化事业单位转制为企业，可以享受以下税收优惠政策：

……

（二）由财政部门拨付事业经费的文化单位转制为企业，自转制注册之日起五年内对其自用房产免征房产税。……

上述所称"经营性文化事业单位",是指从事新闻出版、广播影视和文化艺术的事业单位。转制包括整体转制和剥离转制。其中,整体转制包括:(图书、音像、电子)出版社、非时政类报刊出版单位、新华书店、艺术院团、电影制片厂、电影(发行放映)公司、影剧院、重点新闻网站等整体转制为企业……

上述所称"转制注册之日",是指经营性文化事业单位转制为企业并进行企业法人登记之日。……

六、本通知规定的税收政策执行期限为2019年1月1日至2023年12月31日。……

### 划重点　消痛点

根据财税〔2019〕16号文件第二条的规定,享受税收优惠政策的转制文化企业应同时符合以下条件:

1. 根据相关部门的批复进行转制。
2. 转制文化企业已进行企业法人登记。
3. 整体转制前已进行事业单位法人登记的,转制后已核销事业编制、注销事业单位法人;整体转制前未进行事业单位法人登记的,转制后已核销事业编制。
4. 已同在职职工全部签订劳动合同,按企业办法参加社会保险。
5. 转制文化企业引入非公有资本和境外资本的,须符合国家法律法规和政策规定;变更资本结构依法应经批准的,需经行业主管部门和国有文化资产监管部门批准。

本通知适用于所有转制文化单位。中央所属转制文化企业的认定,由中央宣传部会同财政部、税务总局确定并发布名单;地方所属转制文化企业的认定,按照登记管理权限,由地方各级宣传部门会同同级财政、税务部门确定和发布名单,并按程序抄送中央宣传部、财政部和税务总局。

117

已认定发布的转制文化企业名称发生变更的，如果主营业务未发生变化，可持同级文化体制改革和发展工作领导小组办公室出具的同意变更函，到主管税务机关履行变更手续；如果主营业务发生变化，依照本条规定的条件重新认定。

## 第 37 集

### 大学科技园出租给在孵对象使用的办公楼，可以免征房产税吗？

L大学科技园于2022年3月将其名下的一栋办公楼出租给在孵对象使用，并于当月取得了租金收入。

提问：林老师，L大学科技园出租给在孵对象使用的该栋办公楼，可以免征房产税吗？

### 林老师解答

可以。

**政策依据**

财政部　税务总局　科技部　教育部
关于科技企业孵化器　大学科技园和众创空间税收政策的通知
2018年11月1日　财税〔2018〕120号

一、自2019年1月1日至2021年12月31日，对国家级、省级科技企业孵化器、大学科技园和国家备案众创空间自用以及无偿或通过出租等方式提供给在孵对象使用的房产、土地，免征房产税和城镇土地使用税……

## 财政部 税务总局
## 关于延长部分税收优惠政策执行期限的公告

2022年1月29日 财政部 税务总局公告2022年第4号

一、《财政部 税务总局 科技部 教育部关于科技企业孵化器大学科技园和众创空间税收政策的通知》（财税〔2018〕120号）……中规定的税收优惠政策，执行期限延长至2023年12月31日。

### 第38集
### 农产品批发市场专门用于经营农产品的营业用房，可以免征房产税吗？

M农产品批发市场是一家经工商登记注册，为买卖双方进行农产品及其初加工品现货批发或零售提供交易场所的批发市场。

M农产品批发市场于2022年3月将其名下的营业用房专门用于经营农产品，直接为农产品交易提供服务。

**提问：** 林老师，M农产品批发市场专门用于经营农产品的营业用房，可以免征房产税吗？

### 林老师解答

可以。

## 政策依据

### 财政部　税务总局
### 关于继续实行农产品批发市场　农贸市场房产税城镇土地使用税优惠政策的通知

2019年1月9日　财税〔2019〕12号

一、自2019年1月1日至2021年12月31日，对农产品批发市场、农贸市场（包括自有和承租，下同）专门用于经营农产品的房产、土地，暂免征收房产税和城镇土地使用税。……

二、农产品批发市场和农贸市场，是指经工商登记注册，供买卖双方进行农产品及其初加工品现货批发或零售交易的场所。农产品包括粮油、肉禽蛋、蔬菜、干鲜果品、水产品、调味品、棉麻、活畜、可食用的林产品以及由省、自治区、直辖市财税部门确定的其他可食用的农产品。

三、享受上述税收优惠的房产、土地，是指农产品批发市场、农贸市场直接为农产品交易提供服务的房产、土地。……

### 财政部　税务总局
### 关于延长部分税收优惠政策执行期限的公告

2022年1月29日　财政部　税务总局公告2022年第4号

一、……《财政部　税务总局关于继续实行农产品批发市场　农贸市场房产税　城镇土地使用税优惠政策的通知》（财税〔2019〕12号）……中规定的税收优惠政策，执行期限延长至2023年12月31日。

## 第39集 商品储备管理公司自用的承担商品储备业务的仓库，可以免征房产税吗？

N公司是一家商品储备管理公司，接受县政府有关部门委托，承担粮（含大豆）、食用油、棉、糖、肉5种商品储备任务，并取得财政储备经费或者补贴。

N公司于2022年3月将其名下的仓库用于承担商品储备业务。

**提问：** 林老师，N公司自用的承担商品储备业务的仓库，可以免征房产税吗？

### 林老师解答

可以。

**政策依据**

**财政部　税务总局**
**关于部分国家储备商品有关税收政策的公告**

2019年6月28日　财政部　税务总局公告2019年第77号

二、对商品储备管理公司及其直属库自用的承担商品储备业务的房产、土地，免征房产税、城镇土地使用税。

三、本公告所称商品储备管理公司及其直属库，是指接受县级以上政府有关部门委托，承担粮（含大豆）、食用油、棉、糖、肉5种商品储备任务，取得财政储备经费或者补贴的商品储备企业。

……

六、本公告执行时间为 2019 年 1 月 1 日至 2021 年 12 月 31 日。……

**财政部　税务总局**
**关于延续执行部分国家商品储备税收优惠政策的公告**

2022 年 2 月 21 日　财政部　税务总局公告 2022 年第 8 号

二、对商品储备管理公司及其直属库自用的承担商品储备业务的房产……，免征房产税……

六、本公告执行期限为 2022 年 1 月 1 日至 2023 年 12 月 31 日。……

## 第 40 集 企业按政府规定价格向职工出租单位自有住房，可以免征房产税吗？

P 公司于 2022 年 3 月按政府规定价格向职工出租其名下的自有住房，该自有住房按照公有住房进行管理。

提问：林老师，P 公司按政府规定价格向职工出租单位自有住房，可以免征房产税吗？

### 林老师解答

可以。

## 第二章 房产税

> **政策依据**
>
> **财政部　国家税务总局**
> **关于调整住房租赁市场税收政策的通知**
>
> 2000 年 12 月 7 日　财税〔2000〕125 号
>
> 一、对按政府规定价格出租的公有住房和廉租住房，包括企业和自收自支事业单位向职工出租的单位自有住房……，暂免征收房产税……本通知自 2001 年 1 月 1 日起执行。
>
> **财政部　国家税务总局**
> **关于企业和自收自支事业单位向职工出租的单位**
> **自有住房房产税和营业税政策的通知**
>
> 2013 年 11 月 27 日　财税〔2013〕94 号
>
> 《财政部　国家税务总局关于调整住房租赁市场税收政策的通知》（财税〔2000〕125 号）第一条规定，暂免征收房产税……的企业和自收自支事业单位向职工出租的单位自有住房，是指按照公有住房管理或纳入县级以上政府廉租住房管理的单位自有住房。

### 划重点　消痛点

根据财税〔2000〕125 号文件第一条的规定，按政府规定价格出租的公有住房和廉租住房，可享受暂免征收房产税优惠政策的情形，除本案例中的企业向职工出租的单位自有住房之外，还包括自收自支事业单位向职工出租的单位自有住房、房管部门向居民出租的公有住房、落实私房政策中带户发还产权并以政府规定租金标准向居民出租的私有住房等。

## 第 41 集
### 股改铁路运输企业自用的办公楼，可以免征房产税吗？

Q 公司属于经国务院批准进行股份制改革成立的企业。

Q 公司于 2022 年 3 月取得一栋办公楼，其产权登记在该公司名下。该栋办公楼由 Q 公司自用。

**提问**：林老师，Q 公司自用的该栋办公楼，可以免征房产税吗？

### 林老师解答

可以。

**政策依据**

财政部　国家税务总局
关于股改及合资铁路运输企业房产税　城镇土地使用税
有关政策的通知
2009 年 11 月 25 日　财税〔2009〕132 号

对股改铁路运输企业及合资铁路运输公司自用的房产、土地暂免征收房产税和城镇土地使用税。其中股改铁路运输企业是指铁路运输企业经国务院批准进行股份制改革成立的企业……

## 第 42 集
### 被撤销金融机构清算期间自有的房产，可以免征房产税吗？

R 公司是一家金融企业，于 2022 年 3 月经中国人民银行依法决定撤销。

R 公司名下有一栋办公楼，该栋办公楼由 R 公司自用。

**提问：** 林老师，R 公司清算期间自有的该栋办公楼，可以免征房产税吗？

### 林老师解答

可以。

#### 政策依据

**财政部　国家税务总局**
**关于被撤销金融机构有关税收政策问题的通知**

2003 年 7 月 3 日　财税〔2003〕141 号

一、享受税收优惠政策的主体是指经中国人民银行依法决定撤销的金融机构及其分设于各地的分支机构，包括被依法撤销的商业银行、信托投资公司、财务公司、金融租赁公司、城市信用社和农村信用社。……

二、被撤销金融机构清理和处置财产可享受以下税收优惠政策：……

2.对被撤销金融机构清算期间自有的或从债务方接收的房地产……，免征房产税……

六、本通知自《金融机构撤销条例》生效之日起开始执行。……

溪发说税之财产行为税篇

扫码看视频

**第 43 集**

军队空余房产的租赁收入，可以免征房产税吗？

S 部队于 2022 年 3 月将其名下的一处空余房产出租，当月取得了租金收入。

提问：林老师，S 部队名下空余房产的租赁收入，可以免征房产税吗？

**林老师解答**

可以。

**TAX 政策依据**

财政部　国家税务总局
关于暂免征收军队空余房产租赁收入营业税　房产税的通知
2004 年 7 月 21 日　财税〔2004〕123 号

一、自 2004 年 8 月 1 日起，对军队空余房产租赁收入暂免征收……房产税……

## 第 44 集

### 毁损不堪居住的房屋在停止使用后可以免征房产税吗？

T公司名下有一套商品房毁损不堪无法居住，于2022年3月停止使用。

**提问：** 林老师，T公司该套商品房在停止使用后，可以免征房产税吗？

### 林老师解答

可以。

**政策依据**

**财政部税务总局**
**关于房产税若干具体问题的解释和暂行规定**

1986年9月25日　财税地字〔1986〕8号

十六、关于毁损不堪居住的房屋和危险房屋，可否免征房产税？

经有关部门鉴定，对毁损不堪居住的房屋和危险房屋，在停止使用后，可免征房产税。

## 第 45 集

### 基建工地的临时性房屋，在施工期间可以免征房产税吗？

U 公司是一家施工企业，因工程施工需要，该公司于 2022 年 3 月在基建工地建设为基建工地服务的各种工棚、材料棚、休息棚和办公室等临时性房屋。

**提问**：林老师，U 公司在基建工地的该临时性房屋，在施工期间可以免征房产税吗？

### 林老师解答

可以。

**政策依据**

**财政部税务总局**
**关于房产税若干具体问题的解释和暂行规定**

1986 年 9 月 25 日  财税地字〔1986〕8 号

二十一、关于基建工地的临时性房屋，应否征收房产税？

凡是在基建工地为基建工地服务的各种工棚、材料棚、休息棚和办公室、食堂、茶炉房、汽车房等临时性房屋，不论是施工企业自行建造还是由基建单位出资建造交施工企业使用的，在施工期间，一律免征房产税。……

## 第二章 房产税

### 划重点　消痛点

本案例中，假定在基建工程结束以后，U 公司将上述临时性房屋估价转让给基建单位，则根据财税地字〔1986〕8 号文件第二十一条的规定，从基建单位接收的次月起，对该临时性房屋依照规定征收房产税。

### 第 46 集　个人按市场价格出租的居民住房，其房产税可以减征吗？

江先生于 2021 年 9 月将其名下的一套居民住房按市场价格出租，当月取得了租金收入。

**提问**：林老师，江先生取得的出租该套住房的租金收入，其房产税可以减征吗？

### 林老师解答

可以。

**政策依据**

**财政部　国家税务总局**
**关于调整住房租赁市场税收政策的通知**

2000 年 12 月 7 日　财税〔2000〕125 号

二、对个人按市场价格出租的居民住房，其……房产税暂减按 4% 的税率征收。

## 财政部 税务总局
## 关于实施小微企业普惠性税收减免政策的通知
2019年1月17日 财税〔2019〕13号

三、由省、自治区、直辖市人民政府根据本地区实际情况,以及宏观调控需要确定,对增值税小规模纳税人可以在50%的税额幅度内减征……房产税……

六、本通知执行期限为2019年1月1日至2021年12月31日。……

### 第47集
### 企业向专业化规模化住房租赁企业出租住房取得的租金收入,其房产税可以减征吗?

V公司属于增值税一般纳税人,其于2022年3月将其名下的住房出租给W公司,当月取得了租金收入。

W公司是一家专业化规模化住房租赁企业,符合《财政部 税务总局 住房城乡建设部关于完善住房租赁有关税收政策的公告》(财政部 税务总局 住房城乡建设部公告2021年第24号)规定的条件。

**提问**:林老师,V公司取得的该住房租金收入,其房产税可以减征吗?

### 林老师解答

可以。

## 政策依据

### 财政部　税务总局　住房城乡建设部
### 关于完善住房租赁有关税收政策的公告

2021年7月15日　财政部　税务总局　住房城乡建设部
公告2021年第24号

二、对企事业单位、社会团体以及其他组织向个人、专业化规模化住房租赁企业出租住房的，减按4%的税率征收房产税。

……

四、本公告所称住房租赁企业，是指按规定向住房城乡建设部门进行开业报告或者备案的从事住房租赁经营业务的企业。

本公告所称专业化规模化住房租赁企业的标准为：企业在开业报告或者备案城市内持有或者经营租赁住房1000套（间）及以上或者建筑面积3万平方米及以上。各省、自治区、直辖市住房城乡建设部门会同同级财政、税务部门，可根据租赁市场发展情况，对本地区全部或者部分城市在50%的幅度内下调标准。

……

七、本公告自2021年10月1日起执行。

## 第48集

### 增值税小规模纳税人出租办公楼取得的租金收入，其房产税可以减征吗？

X公司属于增值税小规模纳税人，其于2021年7月将名下的一套商铺出租，当月取得了租金收入。

**提问**：林老师，X公司取得的该套商铺租金收入，其房产税可以减征吗？

溪发说税之财产行为税篇

### 林老师解答

可以。

**TAX 政策依据**

**财政部　税务总局**
**关于实施小微企业普惠性税收减免政策的通知**

2019年1月17日　财税〔2019〕13号

三、由省、自治区、直辖市人民政府根据本地区实际情况，以及宏观调控需要确定，对增值税小规模纳税人可以在50%的税额幅度内减征……房产税……

### 划重点　消痛点

根据《国家发展改革委等14部门印发〈关于促进服务业领域困难行业恢复发展的若干政策〉的通知》（发改财金〔2022〕271号）第一条第2点的规定、《国家发展改革委等14部门关于印发促进工业经济平稳增长的若干政策的通知》（发改产业〔2022〕273号）第一条第3点的规定，2022年扩大"六税两费"适用范围，将省级人民政府在50%税额幅度内减征资源税、城市维护建设税、房产税、城镇土地使用税、印花税（不含证券交易印花税）、耕地占用税和教育费附加、地方教育附加等"六税两费"的适用主体，由增值税小规模纳税人扩展至小型微利企业和个体工商户。

根据财政部、税务总局公告2022年第10号第一条、第四条规定，自2022年1月1日至2024年12月31日，由省、自治区、直辖市人民政府根据本地区实际情况，以及宏观调控需要确定，对增值税小规模纳税人、小型微利企业和个体工商户可以在50%的税额幅度内减征资源税、城市维护建设税、房产税、城镇土地使用税、印花税(不含证券交易印花税)、耕地占用税和教育费附加、地方教育附加。

## 第四节　房产税征收管理

### 第 49 集

**新建厂房，其房产税纳税地点应如何确定？**

扫码看视频

A公司于2020年6月在建制镇自建一栋厂房，该栋厂房于2022年3月建成，其产权登记在A公司名下。

**提问**：林老师，A公司自建的该栋厂房，其房产税纳税地点应如何确定？

### 林老师解答

A公司自建的该栋厂房，其房产税由房产所在地的税务机关征收。

**TAX 政策依据**

**中华人民共和国房产税暂行条例**

2011年1月8日　中华人民共和国国务院令第588号修订

第九条　房产税由房产所在地的税务机关征收。

133

溪发说税之财产行为税篇

> **财政部税务总局**
> **关于房产税若干具体问题的解释和暂行规定**
>
> 1986年9月25日　财税地字〔1986〕8号
>
> 八、关于房产不在一地的纳税人，如何确定纳税地点？
>
> 房产税暂行条例第九条法规，"房产税由房产所在地的税务机关征收。"房产不在一地的纳税人，应按房产的座落地点，分别向房产所在地的税务机关缴纳房产税。

### 划重点　消痛点

本案例中，假定 A 公司在上海市徐汇区还有一处房产，则该公司除就该栋厂房向厂房所在地的主管税务机关申报缴纳房产税外，还应就上海市徐汇区的房产向上海市徐汇区主管税务机关申报缴纳房产税。

## 第 50 集

### 新建厂房，其房产税应自何时起计征？

承第 49 集案例。

**提问**：该栋厂房的房产税应自何时起计征？

## 第二章 房产税

### 林老师解答

该栋厂房应自建成之次月即 2022 年 4 月起计征房产税。

**政策依据**

**财政部税务总局**
**关于房产税若干具体问题的解释和暂行规定**

1986 年 9 月 25 日　财税地字〔1986〕8 号

十九、关于新建的房屋如何征税？
纳税人自建的房屋，自建成之次月起征收房产税。

---

### 第 51 集

**购置新建商品房，其房产税应自何时起计征？**

B 公司在县城购置一套新建商品房，该套商品房于 2022 年 3 月交付使用，其产权登记在 B 公司名下。

**提问**：林老师，该套新建商品房的房产税应自何时起计征？

扫码看视频

### 林老师解答

该套新建商品房应自交付使用之次月即 2022 年 4 月起计征房产税。

135

> **政策依据**
>
> **国家税务总局关于房产税 城镇土地使用税**
> **有关政策规定的通知**
>
> 2003 年 7 月 15 日　国税发〔2003〕89 号
>
> 二、关于确定房产税……纳税义务发生时间问题
> （一）购置新建商品房，自房屋交付使用之次月起计征房产税……

### 第 52 集

#### 购置存量房，其房产税应自何时起计征？

C 公司于 2022 年 3 月在县城购置一套存量房，并于当月办理房屋权属转移、变更登记手续，房地产权属登记机关于当月签发房屋权属证书，将该套存量房的产权登记在 C 公司名下。

**提问：** 林老师，该套存量房的房产税应自何时起计征？

**林老师解答**

该套存量房应自办理房屋权属转移、变更登记手续，房地产权属登记机关签发房屋权属证书之次月即 2022 年 4 月起计征房产税。

## 政策依据

**国家税务总局关于房产税 城镇土地使用税有关政策规定的通知**

2003 年 7 月 15 日　国税发〔2003〕89 号

二、关于确定房产税……纳税义务发生时间问题

……

（二）购置存量房，自办理房屋权属转移、变更登记手续，房地产权属登记机关签发房屋权属证书之次月起计征房产税……

### 第 53 集

**出租房产，其房产税应自何时起计征？**

扫码看视频

朱先生于 2022 年 3 月将其名下的一套住宅出租给郑先生，并于当月将该套住宅交付给郑先生使用。

**提问**：林老师，朱先生出租的该套住宅，其房产税应自何时起计征？

### 林老师解答

朱先生出租的该套住宅，应自交付出租房产之次月即 2022 年 4 月起计征房产税。

溪发说税之财产行为税篇

> **TAX 政策依据**
>
> **国家税务总局关于房产税 城镇土地使用税**
> **有关政策规定的通知**
>
> 2003年7月15日 国税发〔2003〕89号
>
> 二、关于确定房产税……纳税义务发生时间问题
> ……
> （三）出租、出借房产，自交付出租、出借房产之次月起计征房产税……

## 知识链接

### 房产税纳税义务的截止时间

根据《财政部 国家税务总局关于房产税 城镇土地使用税有关问题的通知》（财税〔2008〕152号）第三条的规定，纳税人因房产的实物或权利状态发生变化而依法终止房产税纳税义务的，其房产税应纳税款的计算应截止到房产的实物或权利状态发生变化的当月末。

# 第三章　城镇土地使用税

## 第一节　城镇土地使用税的纳税义务人和征税范围

**第 54 集**

### 城镇土地使用税应由谁缴纳？

扫码看视频

甲公司于 2022 年 3 月在县城购买一幅国有土地使用权，该土地在当地政府划定的城镇土地使用税征税范围内①，其国有土地使用权登记在甲公司名下。

提问：林老师，该土地的城镇土地使用税应由谁缴纳？

**林老师解答**

该土地的城镇土地使用税应由甲公司缴纳。

**TAX 政策依据**

**中华人民共和国城镇土地使用税暂行条例**

2019 年 3 月 2 日　中华人民共和国国务院令第 709 号修订

第二条　在城市、县城、建制镇、工矿区范围内使用土地的单位和个人，为城镇土地使用税（以下简称土地使用税）的纳税人，应当依照本条例的规定缴纳土地使用税。

前款所称单位，包括国有企业、集体企业、私营企业、股份制企

---

① 除另有说明，本章各集案例所列举的土地均在当地政府划定的城镇土地使用税征税范围内。

139

业、外商投资企业、外国企业以及其他企业和事业单位、社会团体、国家机关、军队以及其他单位；所称个人，包括个体工商户以及其他个人。

……

第十四条 本条例自1988年11月1日起施行……

### 国家税务局关于土地使用税若干具体问题的
### 解释和暂行规定

1988年10月24日 国税地字〔1988〕15号

一、关于城市、县城、建制镇、工矿区范围内土地的解释

城市、县城、建制镇、工矿区范围内土地，是指在这些区域范围内属于国家所有和集体所有的土地。

二、关于城市、县城、建制镇、工矿区的解释

……

县城是指县人民政府所在地。

……

三、关于征税范围的解释

……

县城的征税范围为县人民政府所在的城镇。

城市、县城、建制镇、工矿区的具体征税范围，由各省、自治区、直辖市人民政府划定。

四、关于纳税人的确定

土地使用税由拥有土地使用权的单位或个人缴纳。……

> **划重点 消痛点**

根据国税地字〔1988〕15号文件第四条的规定，拥有土地使用权的纳

第三章 城镇土地使用税

税人不在土地所在地的,由代管人或实际使用人纳税;土地使用权未确定或权属纠纷未解决的,由实际使用人纳税;土地使用权共有的,由共有各方分别纳税。

### 第 55 集
**实际使用应税集体所有建设用地、但未办理土地使用权流转手续,其城镇土地使用税应由谁缴纳?**

乙公司于 2022 年 3 月在建制镇实际使用一幅集体所有建设用地、但未办理土地使用权流转手续。

**提问:** 林老师,该土地的城镇土地使用税应由谁缴纳?

#### 林老师解答

该土地的城镇土地使用税应由乙公司缴纳。

**政策依据**

财政部 国家税务总局
关于集体土地城镇土地使用税有关政策的通知
2006 年 4 月 30 日 财税〔2006〕56 号

在城镇土地使用税征税范围内实际使用应税集体所有建设用地、但未办理土地使用权流转手续的,由实际使用集体土地的单位和个人按规定缴纳城镇土地使用税。

本通知自 2006 年 5 月 1 日起执行……

## 知识链接

### 1. 城镇土地使用税涉及的"城市"的涵义

根据《国家税务局关于土地使用税若干具体问题的解释和暂行规定》（国税地字〔1988〕15号）第二条第一款的规定，城市是指经国务院批准设立的市。

### 2. 城镇土地使用税涉及的"大中小城市"的涵义

根据国税地字〔1988〕15号文件第七条的规定，大、中、小城市以公安部门登记在册的非农业正式户口人数为依据，按照国务院颁布的《城市规划条例》中规定的标准划分。

### 3. 城镇土地使用税涉及的"建制镇"的涵义

根据国税地字〔1988〕15号文件第二条第三款的规定，建制镇是指经省、自治区、直辖市人民政府批准设立的建制镇。

### 4. 城镇土地使用税涉及的"工矿区"的涵义

根据国税地字〔1988〕15号文件第二条第四款的规定，工矿区是指工商业比较发达，人口比较集中，符合国务院规定的建制镇标准，但尚未设立镇建制的大中型工矿企业所在地。工矿区须经省、自治区、直辖市人民政府批准。

第三章　城镇土地使用税

### 第 56 集

**承租集体所有建设用地，其城镇土地使用税应由谁缴纳？**

丙公司于2022年3月在建制镇承租一幅集体所有建设用地。

提问：林老师，该土地的城镇土地使用税应由谁缴纳？

#### 林老师解答

该土地的城镇土地使用税应由丙公司缴纳。

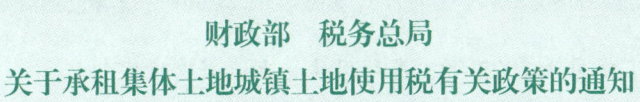

**TAX 政策依据**

财政部　税务总局
关于承租集体土地城镇土地使用税有关政策的通知

2017年3月31日　财税〔2017〕29号

在城镇土地使用税征税范围内，承租集体所有建设用地的，由直接从集体经济组织承租土地的单位和个人，缴纳城镇土地使用税。

#### 知识链接

**1. "城市"的城镇土地使用税征税范围包括哪些？**

根据《国家税务局关于土地使用税若干具体问题的解释和暂行规定》（国税地字〔1988〕15号）第三条第一款的规定，城市的征税范围为市区和郊区。

## 2."建制镇"的城镇土地使用税征税范围包括哪些？

根据国税地字〔1988〕15号文件第三条第三款的规定，建制镇的征税范围为镇人民政府所在地。

## 第57集

### 利用林场土地兴建度假村，其经营、办公和生活用地需要缴纳城镇土地使用税吗？

丁公司于2022年3月利用林场土地兴建度假村。

**提问**：林老师，丁公司利用林场土地兴建度假村，其经营、办公和生活用地需要缴纳城镇土地使用税吗？

### 林老师解答

需要。

**TAX 政策依据**

财政部　国家税务总局
关于房产税　城镇土地使用税有关政策的通知
2006年12月25日　财税〔2006〕186号
四、关于林场中度假村等休闲娱乐场所征免城镇土地使用税问题

## 第三章 城镇土地使用税

在城镇土地使用税征收范围内，利用林场土地兴建度假村等休闲娱乐场所的，其经营、办公和生活用地，应按规定征收城镇土地使用税。

五、本通知自2007年1月1日起执行。

### 知识链接

**索道公司经营用地，需要缴纳城镇土地使用税吗？**

根据《财政部 国家税务总局关于房产税 城镇土地使用税有关问题的通知》（财税〔2008〕152号）第二条的规定，公园、名胜古迹内的索道公司经营用地，应按规定缴纳城镇土地使用税。

## 第二节　城镇土地使用税的计税依据和税额计算

**第 58 集**

**城镇土地使用税的计税依据应如何确定？**

戊公司于 2022 年 3 月在建制镇购买一幅国有土地使用权，其国有土地使用权登记在戊公司名下。

提问：林老师，戊公司使用该土地，其城镇土地使用税的计税依据应如何确定？

**林老师解答**

戊公司使用该土地，应按其实际占用的土地面积作为城镇土地使用税的计税依据。

**TAX 政策依据**

**中华人民共和国城镇土地使用税暂行条例**

2019 年 3 月 2 日　中华人民共和国国务院令第 709 号修订

第三条　土地使用税以纳税人实际占用的土地面积为计税依据，依照规定税额计算征收。

前款土地占用面积的组织测量工作，由省、自治区、直辖市人民政府根据实际情况确定。

第三章　城镇土地使用税

## 国家税务局关于土地使用税若干具体问题的解释和暂行规定

1988年10月24日　国税地字〔1988〕15号

六、关于纳税人实际占用的土地面积的确定

纳税人实际占用的土地面积，是指由省、自治区、直辖市人民政府确定的单位组织测定的土地面积。……

### 划重点　消痛点

根据国税地字〔1988〕15号文件第六条的规定，纳税人实际占用的土地面积尚未组织测量，但纳税人持有政府部门核发的土地使用证书的，以证书确认的土地面积为准；尚未核发土地使用证书的，应由纳税人据实申报土地面积。

### 第59集

**土地使用权共有，其城镇土地使用税应如何计算缴纳？**

扫码看视频

A公司和B公司于2022年3月在建制镇共同拍得一幅国有土地使用权。

提问：林老师，A公司和B公司共有的该土地，其城镇土地使用税应如何计算缴纳？

## 林老师解答

A 公司和 B 公司共有的该土地，应按共有各方实际使用的土地面积占总面积的比例，分别计算缴纳城镇土地使用税。

### 📋 政策依据

**国家税务局关于土地使用税若干具体问题的解释和暂行规定**

1988 年 10 月 24 日　国税地字〔1988〕15 号

五、关于土地使用权共有的，如何计算缴纳土地使用税

土地使用权共有的各方，应按其实际使用的土地面积占总面积的比例，分别计算缴纳土地使用税。

---

## 第 60 集

### 纳税单位与免税单位共同使用多层建筑用地，纳税单位应如何计算缴纳城镇土地使用税？

C 公司和 D 公司于 2022 年 3 月在县城共同使用共有使用权土地上的一栋办公楼，该栋办公楼属于多层建筑。

该栋办公楼占用的土地在当地政府划定的城镇土地使用税征税范围内。

D 公司按照有关规定，享受免征城镇土地使用税优惠。

**提问**：林老师，C 公司和 D 公司共同使用共有使用权土地上的办公楼，C 公司应如何计算缴纳城镇土地使用税？

## 第三章 城镇土地使用税

**林老师解答**

C公司和D公司共同使用共有使用权土地上的办公楼，C公司应按其占用的建筑面积占建筑总面积的比例计算缴纳城镇土地使用税。

**政策依据**

**国家税务局关于土地使用税若干具体问题的补充规定**

1989年12月21日　国税地字〔1989〕140号

二、关于对纳税单位与免税单位共同使用多层建筑用地的征税问题

纳税单位与免税单位共同使用共有使用权土地上的多层建筑，对纳税单位可按其占用的建筑面积占建筑总面积的比例计征土地使用税。

## 第三节　城镇土地使用税税收优惠

**第 61 集**

**人民团体自用的土地，可以免征城镇土地使用税吗？**

E 协会是一家经国务院授权的政府部门登记备案并由国家拨付行政事业费的社会团体。

E 协会于 2022 年 3 月在甲市取得一幅国有土地使用权作为自身的办公用地和公务用地，其产权登记在 E 协会名下。

提问：林老师，E 协会自用的该土地，可以免征城镇土地使用税吗？

### 林老师解答

可以。

**政策依据**

**中华人民共和国城镇土地使用税暂行条例**

2019 年 3 月 2 日　中华人民共和国国务院令第 709 号修订

第六条　下列土地免缴土地使用税：

（一）……人民团体……自用的土地；

……

## 第三章 城镇土地使用税

### 国家税务局关于土地使用税若干具体问题的解释和暂行规定

1988 年 10 月 24 日　国税地字〔1988〕15 号

八、关于人民团体的解释

人民团体是指经国务院授权的政府部门批准设立或登记备案并由国家拨付行政事业费的各种社会团体。

……

十、关于免税单位自用土地的解释

……人民团体……自用的土地，是指这些单位本身的办公用地和公务用地。

### 划重点　消痛点

根据《中华人民共和国城镇土地使用税暂行条例》第六条第（一）项的规定，可以享受免缴土地使用税优惠政策的土地，除本案例中的人民团体自用的土地外，还包括国家机关、军队自用的土地。

## 溪发说税之财产行为税篇

### 第 62 集

### 直接用于采摘的种植用地，可以免征城镇土地使用税吗？

F 公司是一家经营采摘农业的企业，其于 2022 年 3 月取得一幅国有土地使用权，其国有土地使用权登记在 F 公司名下。

F 公司将该土地作为直接用于采摘的种植用地。

**提问**：林老师，F 公司直接用于采摘的种植土地，可以免征城镇土地使用税吗？

### 林老师解答

可以。

**政策依据**

**中华人民共和国城镇土地使用税暂行条例**

2019 年 3 月 2 日 中华人民共和国国务院令第 709 号修订

第六条 下列土地免缴土地使用税：

......

（五）直接用于农、林、牧、渔业的生产用地；

......

**国家税务局关于土地使用税若干具体问题的解释和暂行规定**

1988 年 10 月 24 日 国税地字〔1988〕15 号

十一、关于直接用于农、林、牧、渔业的生产用地的解释

直接用于农、林、牧、渔业的生产用地,是指直接从事于种植、养殖、饲养的专业用地,不包括农副产品加工场地和生活、办公用地。

**财政部　国家税务总局**
**关于房产税　城镇土地使用税有关政策的通知**

2006年12月25日　财税〔2006〕186号

三、关于经营采摘、观光农业的单位和个人征免城镇土地使用税问题

在城镇土地使用税征收范围内经营采摘、观光农业的单位和个人,其直接用于采摘、观光的种植、养殖、饲养的土地,根据《中华人民共和国城镇土地使用税暂行条例》第六条中"直接用于农、林、牧、渔业的生产用地"的规定,免征城镇土地使用税。

### 划重点　消痛点

根据《中华人民共和国城镇土地使用税暂行条例》第六条的规定,可以享受免缴土地使用税优惠政策的土地,除第61集案例及本案例中例举的土地外,还包括下列土地:

1. 由国家财政部门拨付事业经费的单位自用的土地;
2. 宗教寺庙、公园、名胜古迹自用的土地;
3. 市政街道、广场、绿化地带等公共用地;
4. 经批准开山填海整治的土地和改造的废弃土地,从使用的月份起免缴土地使用税5年至10年;
5. 由财政部另行规定免税的能源、交通、水利设施用地和其他用地。

### 第 63 集

### 安置住房用地，可以免征城镇土地使用税吗？

G 公司于 2022 年 3 月取得一幅国有土地使用权，其国有土地使用权登记在 G 公司名下。

G 公司将该土地用于建设安置住房。

**提问**：林老师，G 公司该安置住房用地，可以免征城镇土地使用税吗？

### 林老师解答

可以。

**政策依据**

**财政部　国家税务总局**
**关于易地扶贫搬迁税收优惠政策的通知**

2018 年 11 月 29 日　财税〔2018〕135 号

二、关于易地扶贫搬迁安置住房税收政策

……

（三）对安置住房用地，免征城镇土地使用税。

……

三、其他相关事项

……

（二）本通知执行期限为 2018 年 1 月 1 日至 2020 年 12 月 31 日。……

## 第三章 城镇土地使用税

> **财政部 税务总局**
> **关于延长部分税收优惠政策执行期限的公告**
>
> 2021年3月15日 财政部 税务总局公告2021年第6号
>
> 三、《财政部 税务总局关于易地扶贫搬迁税收优惠政策的通知》（财税〔2018〕135号）、《财政部 税务总局关于福建平潭综合实验区个人所得税优惠政策的通知》（财税〔2014〕24号）规定的税收优惠政策，执行期限延长至2025年12月31日。

### 划重点 消痛点

本案例中，假定G公司在商品住房等开发项目中配套建设安置住房，则根据财税〔2018〕135号文件第二条第（四）项的规定，该公司应按安置住房建筑面积占总建筑面积的比例，计算应予免征的安置住房用地相关的城镇土地使用税。

### 第64集

**安置残疾人就业的单位，可以减征或免征城镇土地使用税吗？**

扫码看视频

H公司于2020年11月在建制镇购置一栋工业厂房自用，其产权登记在H公司名下。

该栋工业厂房占用的土地在当地政府划定的城镇土地使用税征税范围内。

H公司安置残疾人就业，2021年度月平均实际安置残疾人

155

就业人数占 H 公司在职职工总数的比例为 30%，且实际安置残疾人人数为 12 人。

提问：林老师，H 公司该厂房用地，可以减征或免征 2021 年度城镇土地使用税吗？

### 林老师解答

可以。

**TAX 政策依据**

**财政部　国家税务总局关于安置残疾人就业单位城镇土地使用税等政策的通知**

2010 年 12 月 21 日　财税〔2010〕121 号

一、关于安置残疾人就业单位的城镇土地使用税问题

对在一个纳税年度内月平均实际安置残疾人就业人数占单位在职职工总数的比例高于 25%（含 25%）且实际安置残疾人人数高于 10 人（含 10 人）的单位，可减征或免征该年度城镇土地使用税。具体减免税比例及管理办法由省、自治区、直辖市财税主管部门确定。

……

本通知自发文之日起执行。……

## 第三章 城镇土地使用税

### 第 65 集

**城市公交站场运营用地，可以免征城镇土地使用税吗？**

扫码看视频

I 公司是一家城市公交站场运营单位，其于 2019 年 3 月取得一幅国有土地使用权，该国有土地使用权登记在 I 公司名下。

I 公司将该土地作为城市公交站场运营用地（包括城市公交首末车站、停车场、保养场、站场办公用地、生产辅助用地）。该城市公交站场，属于经县级人民政府交通运输主管部门等批准建设的，为公众及旅客、运输经营者提供站务服务的场所。

提问：林老师，I 公司的城市公交站场运营用地，可以免征城镇土地使用税吗？

### 林老师解答

可以。

**TAX 政策依据**

**财政部 税务总局关于继续对城市公交站场 道路客运站场 城市轨道交通系统减免城镇土地使用税优惠政策的通知**

2019 年 1 月 31 日 财税〔2019〕11 号

一、对城市公交站场、道路客运站场、城市轨道交通系统运营用地，免征城镇土地使用税。

二、城市公交站场运营用地，包括城市公交首末车站、停车场、保

157

养场、站场办公用地、生产辅助用地。

......

三、城市公交站场、道路客运站场，是指经县级以上（含县级）人民政府交通运输主管部门等批准建设的，为公众及旅客、运输经营者提供站务服务的场所。

......

五、本通知执行期限为2019年1月1日至2021年12月31日。

**财政部 税务总局**
**关于延长部分税收优惠政策执行期限的公告**

2022年1月29日 财政部 税务总局公告2022年第4号

一、......《财政部 税务总局关于继续对城市公交站场 道路客运站场 城市轨道交通系统减免城镇土地使用税优惠政策的通知》（财税〔2019〕11号）......中规定的税收优惠政策，执行期限延长至2023年12月31日。

## 知识链接

### 1.非营利性医疗机构自用的土地，可以免征城镇土地使用税吗？

根据《财政部 国家税务总局关于医疗卫生机构有关税收政策的通知》（财税〔2000〕42号）第一条第（五）项的规定，自2000年7月10日起，非营利性医疗机构自用的土地，免征城镇土地使用税。

## 2. 疾病控制机构等卫生机构自用的土地，可以免征城镇土地使用税吗？

根据财税〔2000〕42号文件第三条第（二）项的规定，自2000年7月10日起，疾病控制机构和妇幼保健机构等卫生机构自用的土地，免征城镇土地使用税。

## 3. 老年服务机构自用的土地，可以免征城镇土地使用税吗？

根据《财政部 国家税务总局关于对老年服务机构有关税收政策问题的通知》（财税〔2000〕97号）第一条的规定，自2000年10月1日起，政府部门和企事业单位、社会团体以及个人等社会力量投资兴办的福利性、非营利性的老年服务机构自用的土地，免征城镇土地使用税。

## 4. 非营利性科研机构自用的土地，可以免征城镇土地使用税吗？

根据《财政部 国家税务总局关于非营利性科研机构税收政策的通知》（财税〔2001〕5号）第二条第3项的规定，自2001年1月1日起，非营利性科研机构自用的土地，免征城镇土地使用税。

## 5. 科技企业孵化器、大学科技园和国家备案众创空间自用以及无偿或通过出租等方式提供给在孵对象使用的土地，可以免征城镇土地使用税吗？

根据《财政部 税务总局 科技部 教育部关于科技企业孵化器 大学科技园和众创空间税收政策的通知》（财税〔2018〕120号）第一条的规定，自2019年1月1日至2021年12月31日，国家级、省级科技企业孵化器、大学科技园和国家备案众创空间自用以及无偿或通过出租等方式提供给在孵对象使用的土地，免征城镇土地使用税。财政部、税务总局公告2022年第4号将该项税收优惠政策执行期限延长至2023年12月31日。

## 6. 农产品批发市场、农贸市场专门用于经营农产品的土地，可以免征城镇土地使用税吗？

根据《财政部 税务总局关于继续实行农产品批发市场 农贸市场房产税 城镇土地使用税优惠政策的通知》（财税〔2019〕12号）第一条的规定，自2019年1月1日至2021年12月31日，农产品批发市场、农贸市场（包括自有和承租）专门用于经营农产品的土地，暂免征收城镇土地使用税。财政部、税务总局公告2022年第4号将该项税收优惠政策执行期限延长至2023年12月31日。

## 第三章 城镇土地使用税

### 7. 商品储备管理公司及其直属库自用的承担商品储备业务的土地，可以免征城镇土地使用税吗？

根据《财政部 税务总局关于部分国家储备商品有关税收政策的公告》（财政部 税务总局公告2019年第77号）第二条的规定，自2019年1月1日至2021年12月31日，商品储备管理公司及其直属库自用的承担商品储备业务的土地，免征城镇土地使用税。财政部、税务总局公告2022年第8号将该项税收优惠政策执行期限延长至2023年12月31日。

### 8. 股改铁路运输企业及合资铁路运输公司自用的土地，可以免征城镇土地使用税吗？

根据《财政部 国家税务总局关于股改及合资铁路运输企业房产税 城镇土地使用税有关政策的通知》（财税〔2009〕132号）的规定，股改铁路运输企业及合资铁路运输公司自用的土地，暂免征收城镇土地使用税。

### 9. 被撤销金融机构清算期间自有的或从债务方接收的房地产，可以免征城镇土地使用税吗？

根据《财政部 国家税务总局关于被撤销金融机构有关税收政策问题的通知》（财税〔2003〕141号）第二条第2项的规定，自《金融机构撤销条例》生效之日（即2001年12月15日）起，被撤销金融机构清算期间自有的或从债务方接收的房地产，免征城镇土地使用税。

## 10. 地下建筑用地可以减征城镇土地使用税吗？

根据《财政部 国家税务总局关于房产税 城镇土地使用税有关问题的通知》（财税〔2009〕128号）第四条的规定，自2009年12月1日起，对在城镇土地使用税征税范围内单独建造的地下建筑用地，按规定征收城镇土地使用税。其中，已取得地下土地使用权证的，按土地使用权证确认的土地面积计算应征税款；未取得地下土地使用权证或地下土地使用权证上未标明土地面积的，按地下建筑垂直投影面积计算应征税款。对上述地下建筑用地暂按应征税款的50%征收城镇土地使用税。

## 第四节　城镇土地使用税征收管理

### 第 66 集

**使用土地，其城镇土地使用税的纳税地点应如何确定？**

J 公司于 2022 年 3 月在甲市购买一幅国有土地使用权，其国有土地使用权登记在 J 公司名下。

甲市属于城市。

**提问：** 林老师，J 公司使用该土地，其城镇土地使用税的纳税地点应如何确定？

### 林老师解答

J 公司使用该土地，其城镇土地使用税由土地所在地即甲市的税务机关征收。

**政策依据**

**中华人民共和国城镇土地使用税暂行条例**

2019 年 3 月 2 日　中华人民共和国国务院令第 709 号修订

第十条　土地使用税由土地所在地的税务机关征收。……

### 划重点　消痛点

本案例中，假定 J 公司在厦门市思明区还有一幅国有土地使用权，该土地在当地政府划定的城镇土地使用税征税范围内，则根据《中华人民共和国城镇土地使用税暂行条例》第十条的规定，该公司除就案例中的甲市土地向甲市主管税务机关办理城镇土地使用税纳税申报外，还应就厦门市思明区的土地向厦门市思明区主管税务机关办理城镇土地使用税纳税申报。

### 第 67 集
#### 以出让方式有偿取得土地使用权，其城镇土地使用税的纳税义务发生时间应如何确定？

K 公司于 2022 年 3 月在县城以出让方式有偿取得一幅国有土地使用权，土地出让合同约定的交付土地时间为 2022 年 3 月，其国有土地使用权登记在 K 公司名下。

**提问**：林老师，K 公司以出让方式有偿取得该土地使用权，其城镇土地使用税的纳税义务发生时间应如何确定？

### 林老师解答

K 公司以出让方式有偿取得该土地使用权，应由 K 公司从合同约定交付土地时间的次月即 2022 年 4 月起缴纳城镇土地使用税。

第三章 城镇土地使用税

> **政策依据**
>
> **财政部　国家税务总局**
> **关于房产税　城镇土地使用税有关政策的通知**
> 2006年12月25日　财税〔2006〕186号
>
> 二、关于有偿取得土地使用权城镇土地使用税纳税义务发生时间问题
>
> 以出让或转让方式有偿取得土地使用权的，应由受让方从合同约定交付土地时间的次月起缴纳城镇土地使用税……

**划重点　消痛点**

本案例中，假定土地出让合同未约定交付土地时间，则根据财税〔2006〕186号文件第二条的规定，K公司应从该土地出让合同签订的次月起缴纳城镇土地使用税。

**第68集　购置新建商品房，其城镇土地使用税的纳税义务发生时间应如何确定？**

扫码看视频

L公司于2020年11月在县城购置一套新建商品房，该套商品房于2022年3月办理房屋交付使用手续，其产权登记在L公司名下。

该套商品房占用的土地在当地政府划定的城镇土地使用税征税范围内。

提问：林老师，L公司购置该套商品房，其城镇土地使用税的纳税义务发生时间应如何确定？

165

## 溪发说税之财产行为税篇

**林老师解答**

L公司购置该套商品房，应自房屋交付使用之次月即2022年4月起缴纳城镇土地使用税。

**TAX 政策依据**

### 国家税务总局关于房产税 城镇土地使用税有关政策规定的通知

2003年7月15日　国税发〔2003〕89号

二、关于确定……城镇土地使用税纳税义务发生时间问题

（一）购置新建商品房，自房屋交付使用之次月起计征……城镇土地使用税。

**划重点　消痛点**

根据国税发〔2003〕89号文件第二条第（二）项的规定，购置存量房，自办理房屋权属转移、变更登记手续，房地产权属登记机关签发房屋权属证书之次月起计征城镇土地使用税。

根据第二条第（三）项的规定，出租、出借房产，自交付出租、出借房产之次月起计征城镇土地使用税。

## 知识链接

### 1. 城镇土地使用税纳税义务的截止时间

根据《财政部 国家税务总局关于房产税 城镇土地使用税有关问题的通知》（财税〔2008〕152号）第三条的规定，纳税人因土地的实物或权利状态发生变化而依法终止城镇土地使用税纳税义务的，其城镇土地使用税应纳税款的计算应截止到土地的实物或权利状态发生变化的当月末。

## 2. 城镇土地使用税的每平方米年税额是多少？

《中华人民共和国城镇土地使用税暂行条例》第四条规定，城镇土地使用税的每平方米年税额如下：

1. 大城市 1.5 元至 30 元；
2. 中等城市 1.2 元至 24 元；
3. 小城市 0.9 元至 18 元；
4. 县城、建制镇、工矿区 0.6 元至 12 元。

第五条规定，省、自治区、直辖市人民政府，应当在《中华人民共和国城镇土地使用税暂行条例》第四条规定的税额幅度内，根据市政建设状况、经济繁荣程度等条件，确定所辖地区的适用税额幅度。市、县人民政府应当根据实际情况，将本地区土地划分为若干等级，在省、自治区、直辖市人民政府确定的税额幅度内，制定相应的适用税额标准，报省、自治区、直辖市人民政府批准执行。经省、自治区、直辖市人民政府批准，经济落后地区土地使用税的适用税额标准可以适当降低，但降低额不得超过本条例第四条规定最低税额的 30%。经济发达地区土地使用税的适用税额标准可以适当提高，但须报经财政部批准。

# 第四章 契 税

## 第一节 契税的纳税义务人和征税范围

### 第 69 集

**购置厂房的契税应由谁缴纳？**

A 公司于 2022 年 1 月购置一栋厂房，其产权登记在 A 公司名下。

**提问**：林老师，A 公司购置的该栋厂房，其契税应由谁缴纳？

### 林老师解答

该栋厂房的契税应由 A 公司缴纳。

**政策依据**

**中华人民共和国契税法**

2020 年 8 月 11 日　中华人民共和国主席令第五十二号

第一条　在中华人民共和国境内转移……房屋权属，承受的单位和个人为契税的纳税人，应当依照本法规定缴纳契税。

……

第十六条　本法自 2021 年 9 月 1 日起施行。

# 第四章 契 税

## 知识链接

**以作价投资（入股）、偿还债务、划转、奖励等方式转移土地、房屋权属，承受的单位和个人需要缴纳契税吗？**

根据《中华人民共和国契税法》第二条第三款的规定，以作价投资（入股）、偿还债务、划转、奖励等方式转移土地、房屋权属的，应当依照规定对承受的单位和个人征收契税。

### 第70集

**竞得国有建设用地使用权的契税应由谁缴纳？**

扫码看视频

甲市自然资源和规划局于2022年1月公开挂牌出让一幅地块的国有建设用地使用权，B公司以总价2亿元竞得该幅地块的国有建设用地使用权，其产权登记在B公司名下。

**提问**：林老师，B公司竞得该幅地块的国有建设用地使用权，其契税应由谁缴纳？

### 林老师解答

该幅地块的国有建设用地使用权的契税应由B公司缴纳。

### 政策依据

**中华人民共和国契税法**

2020年8月11日 中华人民共和国主席令第五十二号

第一条 在中华人民共和国境内转移土地……权属，承受的单位和个人为契税的纳税人，应当依照本法规定缴纳契税。

### 划重点 消痛点

根据《财政部 税务总局关于贯彻实施契税法若干事项执行口径的公告》（财政部 税务总局公告2021年第23号）第一条第（二）款的规定，下列情形发生土地、房屋权属转移的，承受方应当依法缴纳契税：

1. 因共有不动产份额变化的；
2. 因共有人增加或者减少的；
3. 因人民法院、仲裁委员会的生效法律文书或者监察机关出具的监察文书等因素，发生土地、房屋权属转移的。

## 第71集

### 受赠住房，需要缴纳契税吗？

李女士于2022年1月将其名下的一套住房无偿赠送给其弟弟李先生，其产权登记在李先生名下。

**提问**：林老师，李先生受赠住房，需要缴纳契税吗？

## 林老师解答

需要。

### 政策依据

**中华人民共和国契税法**

2020年8月11日 中华人民共和国主席令第五十二号

第二条 本法所称转移土地、房屋权属，是指下列行为：

……

（三）房屋买卖、赠与、互换。

……

第四条 契税的计税依据：

……

（三）土地使用权赠与、房屋赠与以及其他没有价格的转移土地、房屋权属行为，为税务机关参照土地使用权出售、房屋买卖的市场价格依法核定的价格。

**财政部 税务总局**
**关于贯彻实施契税法若干事项执行口径的公告**

2021年6月30日 财政部 税务总局公告2021年第23号

一、关于土地、房屋权属转移

（一）征收契税的土地、房屋权属，具体为土地使用权、房屋所有权。

> 划重点　消痛点

根据《中华人民共和国契税法》第二条第一款、第二款的规定，转移土地、房屋权属的行为，除本案例中例举的房屋买卖、赠与、互换外，还包括下列行为：

1. 土地使用权出让；

2. 土地使用权转让，包括出售、赠与、互换，不包括土地承包经营权和土地经营权的转移。

## 第二节　契税的计税依据和税额计算

### 第 72 集

#### 契税申报以不动产单元为基本单位吗？

甲公司于 2022 年 1 月购置一层办公楼，在办理不动产权属登记时，不动产登记机构将该层办公楼登记为 01、02、03、04 共 4 个不动产单元。

**提问**：林老师，甲公司需要就 4 个不动产单元分别向税务机关申报契税吗？

### 林老师解答

需要。

**政策依据**

**国家税务总局关于契税纳税服务与征收管理若干事项的公告**

2021 年 8 月 26 日　国家税务总局公告 2021 年第 25 号

一、契税申报以不动产单元为基本单位。

……

三、本公告自 2021 年 9 月 1 日起施行。……

## 第 73 集

### 接受投资取得的厂房，其契税计税依据应如何确定？

A 公司于 2022 年 1 月以一栋厂房作价投资入股乙公司，投资协议确定的该栋厂房的成交价格（公允价格）为 2000 万元（不含增值税）。

**提问**：林老师，乙公司可以该投资协议确定的该栋厂房的成交价格 2000 万元作为计税依据申报契税吗？

### 林老师解答

可以。

**政策依据**

**国家税务总局关于契税纳税服务与征收管理若干事项的公告**

2021 年 8 月 26 日　国家税务总局公告 2021 年第 25 号

二、以作价投资（入股）、偿还债务等应交付经济利益的方式转移土地、房屋权属的，参照土地使用权出让、出售或房屋买卖确定契税适用税率、计税依据等。

**财政部　税务总局**
**关于贯彻实施契税法若干事项执行口径的公告**

2021 年 6 月 30 日　财政部　税务总局公告 2021 年第 23 号

二、关于若干计税依据的具体情形

## 第四章 契 税

……

（四）土地使用权及所附建筑物、构筑物等（包括在建的房屋、其他建筑物、构筑物和其他附着物）转让的，计税依据为承受方应交付的总价款。

……

六、其他

本公告自2021年9月1日起施行。……

### 划重点 消痛点

根据国家税务总局公告2021年第25号第二条第二款的规定，以划转、奖励等没有价格的方式转移土地、房屋权属的，参照土地使用权或房屋赠与确定契税适用税率、计税依据等。

### 第74集

**企业购置商铺，其契税计税依据应如何确定？**

丙公司于2022年1月购置一套商铺，取得了增值税专用发票，不含税金额为200万元，该发票上注明的增值税进项税额18万元已申报抵扣。

提问：林老师，丙公司可以该增值税专用发票注明的不含税金额200万元作为计税依据申报契税吗？

## 林老师解答

可以。

**政策依据**

**财政部　税务总局**
**关于贯彻实施契税法若干事项执行口径的公告**

2021年6月30日　财政部　税务总局公告2021年第23号

二、关于若干计税依据的具体情形

……

（九）契税的计税依据不包括增值税。

**国家税务总局关于契税纳税服务与征收管理**
**若干事项的公告**

2021年8月26日　国家税务总局公告2021年第25号

三、契税计税依据不包括增值税，具体情形为：

（一）土地使用权出售、房屋买卖，承受方计征契税的成交价格不含增值税；实际取得增值税发票的，成交价格以发票上注明的不含税价格确定。

## 第75集

### 房屋互换，其契税计税依据应如何确定？

B公司于2022年1月与丁公司互换商品房，丁公司向B公司支付差额109万元，其中，不含增值税金额为100万元、增值税进项税额为9万元（丁公司已申报抵扣）。

**提问**：林老师，丁公司可以不含增值税价格的差额100万元作为计税依据申报契税吗？

### 林老师解答

可以。

**政策依据**

**财政部　税务总局**
**关于贯彻实施契税法若干事项执行口径的公告**

2021年6月30日　财政部　税务总局公告2021年第23号

二、关于若干计税依据的具体情形

……

（八）土地使用权互换、房屋互换，互换价格相等的，互换双方计税依据为零；互换价格不相等的，以其差额为计税依据，由支付差额的一方缴纳契税。

## 溪发说税之财产行为税篇

> **国家税务总局关于契税纳税服务与征收管理**
> **若干事项的公告**
>
> 2021年8月26日　国家税务总局公告2021年第25号
>
> 三、契税计税依据不包括增值税，具体情形为：
>
> ……
>
> （二）土地使用权互换、房屋互换，契税计税依据为不含增值税价格的差额。

### 划重点　消痛点

财政部、税务总局公告2021年第23号第二条规定的契税计税依据的具体情形，除第73集、第74集案例和本集案例例举的情形外，还包括以下情形：

1.以划拨方式取得的土地使用权，经批准改为出让方式重新取得该土地使用权的，应由该土地使用权人以补缴的土地出让价款为计税依据缴纳契税。

2.先以划拨方式取得土地使用权，后经批准转让房地产，划拨土地性质改为出让的，承受方应分别以补缴的土地出让价款和房地产权属转移合同确定的成交价格为计税依据缴纳契税。

3.先以划拨方式取得土地使用权，后经批准转让房地产，划拨土地性质未发生改变的，承受方应以房地产权属转移合同确定的成交价格为计税依据缴纳契税。

4.土地使用权出让的，计税依据包括土地出让金、土地补偿费、安置补助费、地上附着物和青苗补偿费、征收补偿费、城市基础设施配套费、实物配建房屋等应交付的货币以及实物、其他经济利益对应的价款。

5.房屋附属设施（包括停车位、机动车库、非机动车库、顶层阁楼、储藏室及其他房屋附属设施）与房屋为同一不动产单元的，计税依据为承

第四章 契 税

受方应交付的总价款,并适用与房屋相同的税率;房屋附属设施与房屋为不同不动产单元的,计税依据为转移合同确定的成交价格,并按当地确定的适用税率计税。

6.承受已装修房屋的,应将包括装修费用在内的费用计入承受方应交付的总价款。

## 第 76 集

### 房屋互换,契税应如何计算?

扫码看视频

承第 75 集案例。

**提问**:林老师,丁公司换入的商品房适用 3% 的契税税率,应如何计算其应缴纳的契税?

### 林老师解答

丁公司换入的商品房,契税应纳税额计算如下:

应纳税额 = 计税依据 × 适用税率
　　　　 = 100 × 3%
　　　　 = 3(万元)

**TAX 政策依据**

**中华人民共和国契税法**

2020 年 8 月 11 日　中华人民共和国主席令第五十二号

第五条　契税的应纳税额按照计税依据乘以具体适用税率计算。

179

## 第三节　契税税收优惠

> **第 77 集**
>
> 县政府承受办公楼权属用于办公，可以免征契税吗？

　　A 县政府于 2022 年 2 月取得一栋办公楼用于办公，其产权登记在 A 县政府名下。

　　**提问：**林老师，A 县政府承受该栋办公楼权属用于办公，可以免征契税吗？

### 林老师解答

可以。

**政策依据**

**中华人民共和国契税法**

2020 年 8 月 11 日　中华人民共和国主席令第五十二号

第六条　有下列情形之一的，免征契税：

（一）国家机关……承受土地、房屋权属用于办公……；

……

## 第四章 契 税

### 划重点 消痛点

《中华人民共和国契税法》第六条第（一）项规定的免征契税的情形，除本案例例举的国家机关承受土地、房屋权属用于办公外，还包括事业单位、社会团体、军事单位承受土地、房屋权属用于办公、教学、医疗、科研、军事设施。

### 第78集 非营利性的学校承受房屋权属用于教学，可以免征契税吗？

B中学属于非营利性的学校，经县级人民政府批准成立。

该中学于2022年2月取得一栋房屋直接用于教学，其产权登记在该中学名下。

**提问**：林老师，B中学承受该栋房屋权属直接用于教学，可以免征契税吗？

### 林老师解答

可以。

**政策依据**

**中华人民共和国契税法**

2020年8月11日 中华人民共和国主席令第五十二号

第六条 有下列情形之一的，免征契税：

……

181

（二）非营利性的学校……承受土地、房屋权属用于……教学……；
……

**财政部　税务总局**
**关于贯彻实施契税法若干事项执行口径的公告**

2021年6月30日　财政部　税务总局公告2021年第23号

三、关于免税的具体情形

（一）享受契税免税优惠的非营利性的学校、医疗机构、社会福利机构，限于上述三类单位中依法登记为事业单位、社会团体、基金会、社会服务机构等的非营利法人和非营利组织。其中：

1.学校的具体范围为经县级以上人民政府或者其教育行政部门批准成立的大学、中学、小学、幼儿园，实施学历教育的职业教育学校、特殊教育学校、专门学校，以及经省级人民政府或者其人力资源社会保障行政部门批准成立的技工院校。
……

（二）享受契税免税优惠的土地、房屋用途具体如下：
……

2.用于教学的，限于教室（教学楼）以及其他直接用于教学的土地、房屋；
……

### 划重点　消痛点

《中华人民共和国契税法》第六条第（二）项规定的免征契税的情形，除本案例例举的非营利性的学校承受土地、房屋权属用于教学外，还包括非营利性的医疗机构、社会福利机构承受土地、房屋权属用于办公、医疗、科研、养老、救助。

## 第四章　契　税

### 第 79 集

**承受荒山土地使用权用于林业生产，可以免征契税吗？**

C 公司于 2022 年 2 月取得一座荒山的土地使用权用于林业生产，其产权登记在该公司名下。

**提问**：林老师，C 公司承受该座荒山的土地使用权用于林业生产，可以免征契税吗？

### 林老师解答

可以。

**政策依据**

**中华人民共和国契税法**

2020 年 8 月 11 日　中华人民共和国主席令第五十二号

第六条　有下列情形之一的，免征契税：

……

（三）承受荒山……土地使用权用于……林、……业生产；

……

### 划重点　消痛点

《中华人民共和国契税法》第六条第（三）项规定的免征契税的情形，除本案例例举的承受荒山土地使用权用于林业生产外，还包括承受荒地、荒滩土地使用权用于农、林、牧、渔业生产。

溪发说税之财产行为税篇

### 第 80 集
### 婚姻关系存续期间夫妻之间变更房屋权属，可以免征契税吗？

2022年2月，郑先生在婚姻关系存续期间将其名下的一套商品房权属变更至其妻子朱女士名下。

提问：林老师，朱女士在婚姻关系存续期间承受该套商品房权属，可以免征契税吗？

**林老师解答**

可以。

**政策依据**

**中华人民共和国契税法**

2020年8月11日　中华人民共和国主席令第五十二号

第六条　有下列情形之一的，免征契税：

……

（四）婚姻关系存续期间夫妻之间变更土地、房屋权属；

……

## 第四章 契　税

### 第 81 集
**夫妻因离婚分割共同财产发生房屋权属变更，可以免征契税吗？**

扫码看视频

高先生于 2022 年 2 月与蔡女士离婚，高先生将其与蔡女士共同拥有的一套商品房权属变更到蔡女士名下。

**提问**：林老师，蔡女士因离婚分割共同财产而承受该套商品房权属，可以免征契税吗？

### 林老师解答

可以。

**政策依据**

**财政部　税务总局**
**关于契税法实施后有关优惠政策衔接问题的公告**

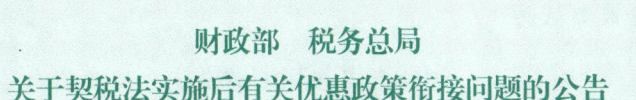

2021 年 8 月 27 日　财政部　税务总局公告 2021 年第 29 号

一、夫妻因离婚分割共同财产发生土地、房屋权属变更的，免征契税。

185

## 第 82 集

### 法定继承人通过继承承受房屋权属，可以免征契税吗？

马先生于 2022 年 2 月继承其祖父的一套商品房，当月该套商品房的产权变更登记在马先生名下。

马先生是其祖父的法定继承人。

**提问**：林老师，马先生通过继承承受该套商品房权属，可以免征契税吗？

### 林老师解答

可以。

**政策依据**

**中华人民共和国契税法**

2020 年 8 月 11 日　中华人民共和国主席令第五十二号

第六条　有下列情形之一的，免征契税：

……

（五）法定继承人通过继承承受土地、房屋权属；

……

## 第四章　契　税

### 第 83 集

### 城镇职工第一次购买公有住房，可以免征契税吗？

城镇职工何先生于 2022 年 2 月按规定第一次购买一套公有住房。

**提问**：林老师，何先生购买该套公有住房，可以免征契税吗？

#### 林老师解答

可以。

**政策依据**

**财政部　税务总局**
**关于契税法实施后有关优惠政策衔接问题的公告**

2021 年 8 月 27 日　财政部　税务总局公告 2021 年第 29 号

二、城镇职工按规定第一次购买公有住房的，免征契税。

#### 划重点　消痛点

根据财政部、税务总局公告 2021 年第 29 号第二条第二款、第三款的规定，公有制单位为解决职工住房而采取集资建房方式建成的普通住房或由单位购买的普通商品住房，经县级以上地方人民政府房改部门批准、按照国家房改政策出售给本单位职工的，如属职工首次购买住房，比照公有住房免征契税；已购公有住房经补缴土地出让价款成为完全产权住房的，免征契税。

## 第 84 集

### 外国驻华领事馆承受房屋权属，可以免征契税吗？

D 领事馆属于外国驻华领事馆。

D 领事馆于 2022 年 2 月购置一栋办公楼，其产权登记在 D 领事馆名下。

**提问**：林老师，D 领事馆承受该栋办公楼权属，可以免征契税吗？

### 林老师解答

可以。

**政策依据**

**中华人民共和国契税法**

2020 年 8 月 11 日 中华人民共和国主席令第五十二号

第六条 有下列情形之一的，免征契税：

……

（六）依照法律规定应当予以免税的外国驻华使馆、领事馆和国际组织驻华代表机构承受土地、房屋权属。

## 第四章 契 税

### 第 85 集
### 改制后的外商独资银行承受原外国银行分行的房屋权属，可以免征契税吗？

E 银行福建分行属于外国银行分行。

E 银行福建分行于 2022 年 2 月按照《中华人民共和国外资银行管理条例》等相关规定改制为 F 银行，F 银行属于外商独资银行。

改制后，F 银行承受原 E 银行福建分行的一栋办公楼权属，其产权变更登记在 F 银行名下。

提问：林老师，F 银行承受该栋办公楼权属，可以免征契税吗？

### 林老师解答

可以。

**TAX 政策依据**

**财政部 税务总局**
**关于契税法实施后有关优惠政策衔接问题的公告**

2021 年 8 月 27 日 财政部 税务总局公告 2021 年第 29 号

三、外国银行分行按照《中华人民共和国外资银行管理条例》等相关规定改制为外商独资银行（或其分行），改制后的外商独资银行（或其分行）承受原外国银行分行的房屋权属的，免征契税。

## 知识链接

### 继续执行的契税优惠政策文件及条款目录有哪些？

根据财政部、税务总局公告2021年第29号附件1《继续执行的契税优惠政策文件及条款目录》，自2021年9月1日起，继续执行的契税优惠政策文件及条款目录如表4-1所示。

表4-1　　　　继续执行的契税优惠政策文件及条款目录

| 序号 | 文件标题及条款 | 文号 |
| --- | --- | --- |
| 1 | 《财政部　国家税务总局关于免征军建离退休干部住房移交地方政府管理所涉及契税的通知》 | 财税字〔2000〕176号 |
| 2 | 《财政部　国家税务总局关于中国信达等4家金融资产管理公司税收政策问题的通知》第三条第3项 | 财税〔2001〕10号 |
| 3 | 《财政部　国家税务总局关于4家资产管理公司接收资本金项下的资产在办理过户时有关税收政策问题的通知》第一条中关于契税的政策 | 财税〔2003〕21号 |
| 4 | 《财政部　国家税务总局关于被撤销金融机构有关税收政策问题的通知》第二条第3项 | 财税〔2003〕141号 |
| 5 | 《财政部　国家税务总局关于中国东方资产管理公司处置港澳国际（集团）有限公司有关资产税收政策问题的通知》第二条第2项、第三条第3项、第四条第3项 | 财税〔2003〕212号 |
| 6 | 《财政部　国家税务总局关于银监会各级派出机构从中国人民银行各分支行划转房屋土地有关税收问题的函》第一条 | 财税〔2005〕149号 |
| 7 | 《财政部　国家税务总局关于青藏铁路公司运营期间有关税收等政策问题的通知》第四条 | 财税〔2007〕11号 |
| 8 | 《财政部　国家税务总局关于廉租住房　经济适用住房和住房租赁有关税收政策的通知》第一条第（五）项中关于经济适用住房的契税政策、第（六）项 | 财税〔2008〕24号 |

## 第四章 契 税

续表

| 序号 | 文件标题及条款 | 文号 |
| --- | --- | --- |
| 9 | 《财政部 国家税务总局关于企业以售后回租方式进行融资等有关契税政策的通知》第一条、第五条、第六条 | 财税〔2012〕82号 |
| 10 | 《财政部 国家税务总局关于棚户区改造有关税收政策的通知》第三条、第四条以及第五条中关于契税的政策 | 财税〔2013〕101号 |
| 11 | 《财政部 国家税务总局 住房城乡建设部关于调整房地产交易环节契税 营业税优惠政策的通知》第一条、第三条中关于契税的政策 | 财税〔2016〕23号 |
| 12 | 《财政部 税务总局关于支持农村集体产权制度改革有关税收政策的通知》第一条、第二条第一款、第三条 | 财税〔2017〕55号 |
| 13 | 《财政部 税务总局关于易地扶贫搬迁税收优惠政策的通知》第一条第（二）项以及第二条第（一）项、第（四）项、第（五）项中关于契税的政策 | 财税〔2018〕135号 |
| 14 | 《财政部 税务总局关于公共租赁住房税收优惠政策的公告》第三条中关于契税的政策 | 财政部 税务总局公告2019年第61号 |
| 15 | 《财政部 税务总局关于继续实行农村饮水安全工程税收优惠政策的公告》第一条以及第六条第二款中关于契税的政策 | 财政部 税务总局公告2019年第67号 |
| 16 | 《财政部 税务总局 发展改革委 民政部 商务部 卫生健康委关于养老、托育、家政等社区家庭服务业税费优惠政策的公告》第一条第（三）项 | 财政部 税务总局 发展改革委 民政部 商务部 卫生健康委公告2019年第76号 |
| 17 | 《财政部 税务总局关于延长部分税收优惠政策执行期限的公告》中关于契税的政策 | 财政部 税务总局公告2021年第6号 |
| 18 | 《财政部 税务总局关于继续执行企业事业单位改制重组有关契税政策的公告》 | 财政部 税务总局公告2021年第17号 |

## 第四节　契税征收管理

> **第 86 集**
> 已享受免征契税优惠的土地改变用途，
> 需要补缴契税吗？

　　G 公司于 2021 年 9 月取得一片荒地的土地使用权用于农业生产，其产权登记在该公司名下，该公司已向主管税务机关申报享受免征契税优惠。

　　G 公司于 2022 年 3 月将该荒地平整，出租给 F 公司作为仓储物流用地。

　　**提问**：林老师，G 公司将已享受免征契税优惠的土地改变用途，需要补缴契税吗？

### 林老师解答

需要。

**政策依据**

**中华人民共和国契税法**

2020 年 8 月 11 日　中华人民共和国主席令第五十二号

第六条　有下列情形之一的，免征契税：

……

（三）承受荒山、荒地、荒滩土地使用权用于农、林、牧、渔业生产；

......

第八条 纳税人改变有关土地、房屋的用途，或者有其他不再属于本法第六条规定的免征、减征契税情形的，应当缴纳已经免征、减征的税款。

## 第 87 集

### 已享受免征契税优惠的土地改变用途，契税的纳税义务发生时间应如何确定？

承第 86 集案例。

**提问**：林老师，G 公司已享受免征契税优惠的土地改变用途，契税的纳税义务发生时间应如何确定？

### 林老师解答

G 公司于 2022 年 3 月改变已享受免征契税优惠土地的用途，契税的纳税义务发生时间为 2022 年 3 月。

**政策依据**

**财政部 税务总局**
**关于贯彻实施契税法若干事项执行口径的公告**

2021 年 6 月 30 日 财政部 税务总局公告 2021 年第 23 号

四、关于纳税义务发生时间的具体情形

......

> （二）因改变土地、房屋用途等情形应当缴纳已经减征、免征契税的，纳税义务发生时间为改变有关土地、房屋用途等情形的当日。

### 划重点 消痛点

财政部、税务总局公告2021年第23号第四条规定的契税纳税义务发生时间的具体情形，除本案例例举的情形外，还包括以下情形：

1. 因人民法院、仲裁委员会的生效法律文书或者监察机关出具的监察文书等发生土地、房屋权属转移的，纳税义务发生时间为法律文书等生效当日。

2. 因改变土地、房屋用途等情形应当缴纳已经减征、免征契税的，纳税义务发生时间为改变有关土地、房屋用途等情形的当日。

发生上述情形（包括本案例例举的情形），按规定不再需要办理土地、房屋权属登记的，纳税人应自纳税义务发生之日起90日内申报缴纳契税。

### 知识链接

#### 契税的纳税地点在哪里？

根据《中华人民共和国契税法》第十四条的规定，契税由土地、房屋所在地的税务机关依照《中华人民共和国契税法》和《中华人民共和国税收征收管理法》的规定征收管理。

## 第四章 契 税

### 第 88 集

**购置办公楼，契税的纳税义务发生时间应如何确定？**

扫码看视频

I 公司于 2022 年 3 月向 J 公司购置一层办公楼，当月签订了该办公楼权属转移合同并将其产权登记在 I 公司名下。

提问：林老师，I 公司购置该办公楼，契税的纳税义务发生时间应如何确定？

### 林老师解答

I 公司购置该办公楼，契税的纳税义务发生时间为其签订办公楼权属转移合同的日期即 2022 年 3 月。

**政策依据**

**中华人民共和国契税法**

2020 年 8 月 11 日　中华人民共和国主席令第五十二号

第九条　契税的纳税义务发生时间，为纳税人签订土地、房屋权属转移合同的当日，或者纳税人取得其他具有土地、房屋权属转移合同性质凭证的当日。

第十条　纳税人应当在依法办理土地、房屋权属登记手续前申报缴纳契税。

195

## 溪发说税之财产行为税篇

### 第 89 集
### 新建商品房实际交付面积小于合同约定面积返还房价款，可以申请退还多缴纳的契税吗？

江先生于 2021 年 9 月向 K 公司购置一套新建商品房，并以合同约定面积计算的房价款作为计税依据申报缴纳了契税。

2022 年 3 月，该套新建商品房交付，因实际交付面积小于合同约定面积，江先生收到 K 公司返还的房价款 2 万元。

提问：林老师，江先生收到返还房价款，可以申请退还多缴纳的契税吗？

### 林老师解答

可以。

**政策依据**

**财政部　税务总局**
**关于贯彻实施契税法若干事项执行口径的公告**

2021 年 6 月 30 日　财政部　税务总局公告 2021 年第 23 号

五、关于纳税凭证、纳税信息和退税

……

（四）纳税人缴纳契税后发生下列情形，可依照有关法律法规申请退税：

……

3. 在新建商品房交付时，因实际交付面积小于合同约定面积需返还房价款的。

# 第四章 契 税

## 国家税务总局关于契税纳税服务与征收管理若干事项的公告

2021年8月26日　国家税务总局公告2021年第25号

七、纳税人依照《契税法》以及23号公告规定向税务机关申请退还已缴纳契税的，应提供纳税人身份证件，完税凭证复印件，并根据不同情形提交相关资料：

……

（四）在新建商品房交付时，因实际交付面积小于合同约定面积需返还房价款的，提交补充合同（协议）和退款凭证。

……

十一、本公告所称纳税人身份证件是指：单位纳税人为营业执照，或者统一社会信用代码证书或者其他有效登记证书；个人纳税人中，自然人为居民身份证，或者居民户口簿或者入境的身份证件，个体工商户为营业执照。

### 划重点　消痛点

根据《中华人民共和国契税法》第十二条的规定，在依法办理土地、房屋权属登记前，权属转移合同、权属转移合同性质凭证不生效、无效、被撤销或者被解除的，纳税人可以向税务机关申请退还已缴纳的税款，税务机关应当依法办理。

### 知识链接

#### 契税税率是多少？

根据《中华人民共和国契税法》第三条的规定，契税税率为3%～5%。契税的具体适用税率，由省、自治区、直辖市人民政府在前款规定的税率幅度内提出，报同级人民代表大会常务委员会决定，并报全国人民代表大会常务委员会和国务院备案。省、自治区、直辖市可以依照前款规定的程序对不同主体、不同地区、不同类型的住房的权属转移确定差别税率。

# 第五章 耕地占用税

## 第一节 耕地占用税的纳税义务人和征税范围

### 第90集

**耕地占用税应由谁缴纳？**

A公司于2022年4月因建设办公楼的需要，经批准占用耕地，该公司为农用地转用审批文件中标明的建设用地人。该耕地是用于种植农作物的土地[①]。

**提问：** 林老师，A公司因建设办公楼占用的耕地，其耕地占用税应由谁缴纳？

**林老师解答**

该耕地的耕地占用税应由A公司缴纳。

**政策依据**

**中华人民共和国耕地占用税法**

2018年12月29日 中华人民共和国主席令第十八号

第二条 在中华人民共和国境内占用耕地建设建筑物、构筑物或者从事非农业建设的单位和个人，为耕地占用税的纳税人，应当依照本法规定缴纳耕地占用税。

---

① 除另有说明，本章各集案例所列举的耕地均为用于种植农作物的土地。

……

本法所称耕地，是指用于种植农作物的土地。

……

第十六条　本法自2019年9月1日起施行。……

### 中华人民共和国耕地占用税法实施办法

2019年8月29日　财政部公告2019年第81号

第二条　经批准占用耕地的，纳税人为农用地转用审批文件中标明的建设用地人；……

第三十三条　本办法自2019年9月1日起施行。

## 划重点　消痛点

根据《中华人民共和国耕地占用税法实施办法》第二条的规定，农用地转用审批文件中未标明建设用地人，纳税人为用地申请人，其中用地申请人为各级人民政府的，由同级土地储备中心、自然资源主管部门或政府委托的其他部门、单位履行耕地占用税申报纳税义务。未经批准占用耕地，纳税人为实际用地人。

## 第91集

### 占用耕地建设农田水利设施，需要缴纳耕地占用税吗？

B公司于2022年4月因建设农田水利设施占用耕地。

提问：林老师，B公司占用耕地建设农田水利设施，需要缴纳耕地占用税吗？

第五章 耕地占用税

> **林老师解答**

不需要。

📱 政策依据

**中华人民共和国耕地占用税法**

2018年12月29日 中华人民共和国主席令第十八号

第二条 ……

占用耕地建设农田水利设施的，不缴纳耕地占用税。

## 第二节　耕地占用税的计税依据和税额计算

**第 92 集**

**占用耕地从事非农业建设，其耕地占用税应如何计算？**

C 公司为增值税一般纳税人，其于 2022 年 4 月占用耕地从事非农业建设。

提问：林老师，C 公司占用耕地从事非农业建设，其耕地占用税应如何计算？

**林老师解答**

C 公司应缴纳的耕地占用税计算如下：

应纳耕地占用税 = 应税土地面积 × 适用税额

**TAX 政策依据**

**中华人民共和国耕地占用税法**

2018 年 12 月 29 日　中华人民共和国主席令第十八号

第三条　耕地占用税以纳税人实际占用的耕地面积为计税依据，按照规定的适用税额一次性征收，应纳税额为纳税人实际占用的耕地面积（平方米）乘以适用税额。

第五章 耕地占用税

## 中华人民共和国耕地占用税法实施办法

2019年8月29日 财政部公告2019年第81号

**第三条** 实际占用的耕地面积，包括经批准占用的耕地面积和未经批准占用的耕地面积。

## 国家税务总局关于耕地占用税征收管理
## 有关事项的公告

2019年8月30日 国家税务总局公告2019年第30号

一、耕地占用税以纳税人实际占用的属于耕地占用税征税范围的土地（以下简称"应税土地"）面积为计税依据，按应税土地当地适用税额计税，实行一次性征收。

耕地占用税计算公式为：应纳税额＝应税土地面积×适用税额。

应税土地面积包括经批准占用面积和未经批准占用面积，以平方米为单位。

当地适用税额是指省、自治区、直辖市人民代表大会常务委员会决定的应税土地所在地县级行政区的现行适用税额。

……

十二、本公告自2019年9月1日起施行。

## 知识链接

### 什么是非农业建设？

根据《中华人民共和国耕地占用税法实施办法》第十九条的规定，因挖损、采矿塌陷、压占、污染等损毁耕地属于《中华人民共和国耕地占用税法》所称的非农业建设，应依照税法规定缴纳耕地占用税。

### 第93集

**占用基本农田建设厂房，其耕地占用税应如何计算？**

D公司为增值税一般纳税人，其于2022年4月占用基本农田建设厂房，该基本农田属于依据《基本农田保护条例》划定的基本农田保护区范围内的耕地。

提问：林老师，D公司占用基本农田建设厂房，其耕地占用税应如何计算？

### 林老师解答

D公司应缴纳的耕地占用税计算如下：

应纳耕地占用税 = 应税土地面积 × 适用税额 × 150%

## 第五章 耕地占用税

> **政策依据**
>
> ### 中华人民共和国耕地占用税法
>
> 2018年12月29日 中华人民共和国主席令第十八号
>
> **第六条** 占用基本农田的,应当按照本法第四条第二款或者第五条确定的当地适用税额,加按百分之一百五十征收。
>
> ### 中华人民共和国耕地占用税法实施办法
>
> 2019年8月29日 财政部公告2019年第81号
>
> **第四条** 基本农田,是指依据《基本农田保护条例》划定的基本农田保护区范围内的耕地。
>
> ### 国家税务总局关于耕地占用税征收管理 有关事项的公告
>
> 2019年8月30日 国家税务总局公告2019年第30号
>
> 二、按照《耕地占用税法》第六条规定,加按百分之一百五十征收耕地占用税的计算公式为:应纳税额=应税土地面积×适用税额×百分之一百五十。

## 第三节　耕地占用税税收优惠

### 第 94 集

**军事设施占用耕地，可以免征耕地占用税吗？**

E 部队于 2022 年 4 月因建设军事设施占用耕地。

该军事设施属于《中华人民共和国军事设施保护法》第二条所列建筑物、场地和设备。

提问：林老师，E 部队因建设军事设施占用耕地，可以免征耕地占用税吗？

#### 林老师解答

可以。

**政策依据**

**中华人民共和国耕地占用税法**

2018 年 12 月 29 日　中华人民共和国主席令第十八号

第七条　军事设施……占用耕地，免征耕地占用税。

# 第五章 耕地占用税

## 中华人民共和国耕地占用税法实施办法

2019年8月29日 财政部公告2019年第81号

第五条 免税的军事设施，具体范围为《中华人民共和国军事设施保护法》规定的军事设施。

## 国家税务总局关于耕地占用税征收管理有关事项的公告

2019年8月30日 国家税务总局公告2019年第30号

三、按照《耕地占用税法》及《实施办法》的规定，免征、减征耕地占用税的部分项目按以下口径执行：

（一）免税的军事设施，是指《中华人民共和国军事设施保护法》第二条所列建筑物、场地和设备。具体包括：指挥机关，地面和地下的指挥工程、作战工程；军用机场、港口、码头；营区、训练场、试验场；军用洞库、仓库；军用通信、侦察、导航、观测台站，测量、导航、助航标志；军用公路、铁路专用线，军用通信、输电线路，军用输油、输水管道；边防、海防管控设施；国务院和中央军事委员会规定的其他军事设施。

### 划重点 消痛点

《中华人民共和国耕地占用税法》第七条第一款规定的免征耕地占用税的情形，除本案例例举的军事设施占用耕地外，还包括学校、幼儿园、社会福利机构、医疗机构占用耕地。

## 第 95 集

### 铁路线路占用耕地，可以减征耕地占用税吗？

F 公司于 2022 年 4 月因建设铁路线路占用耕地。该铁路线路包括铁路路基、桥梁、涵洞、隧道及其按照规定两侧留地、防火隔离带。

**提问**：林老师，F 公司因建设铁路线路占用耕地，可以减征耕地占用税吗？

### 林老师解答

可以。

**政策依据**

**中华人民共和国耕地占用税法**

2018 年 12 月 29 日　中华人民共和国主席令第十八号

第七条　……

铁路线路……占用耕地，减按每平方米二元的税额征收耕地占用税。

**中华人民共和国耕地占用税法实施办法**

2019 年 8 月 29 日　财政部公告 2019 年第 81 号

第十条　减税的铁路线路，具体范围限于铁路路基、桥梁、涵洞、隧道及其按照规定两侧留地、防火隔离带。

## 第五章 耕地占用税

### 划重点 消痛点

《中华人民共和国耕地占用税法》第七条第二款规定的减征耕地占用税的情形，除本案例例举的铁路线路占用耕地外，还包括公路线路、飞机场跑道、停机坪、港口、航道、水利工程占用耕地。

### 第 96 集

**农村居民在规定用地标准以内占用耕地新建自用住宅，可以减半征收耕地占用税吗？**

农村居民朱先生于2021年9月在规定用地标准以内占用耕地新建自用住宅。

**提问**：林老师，朱先生在规定用地标准以内占用耕地新建自用住宅，可以减半征收耕地占用税吗？

### 林老师解答

可以。

**TAX 政策依据**

**中华人民共和国耕地占用税法**

2018年12月29日　中华人民共和国主席令第十八号

第七条　……

农村居民在规定用地标准以内占用耕地新建自用住宅，按照当地适用税额减半征收耕地占用税……

209

> 划重点　消痛点

本案例中，假定朱先生经批准搬迁，则根据《中华人民共和国耕地占用税法》第七条第三款的规定，朱先生新建自用住宅占用耕地不超过原宅基地面积的部分，免征耕地占用税。

## 第四节 耕地占用税征收管理

### 第 97 集
**享受减征耕地占用税后改变原占地用途，需要补缴耕地占用税吗？**

承第 96 集案例。

提问：林老师，朱先生于 2022 年 4 月将建成的该自用住宅改为民宿旅馆，其于 2021 年 9 月已享受的减征耕地占用税在改变原占地用途后，需要按照当地适用税额补缴耕地占用税吗？

### 林老师解答

需要。

**政策依据**

**中华人民共和国耕地占用税法**

2018 年 12 月 29 日　中华人民共和国主席令第十八号

第八条　依照本法第七条第一款、第二款规定免征或者减征耕地占用税后，纳税人改变原占地用途，不再属于免征或者减征耕地占用税情形的，应当按照当地适用税额补缴耕地占用税。

溪发说税之财产行为税篇

### 中华人民共和国耕地占用税法实施办法

2019 年 8 月 29 日　财政部公告 2019 年第 81 号

　　第十七条　根据税法第八条的规定，纳税人改变原占地用途，不再属于免征或减征情形的，应自改变用途之日起 30 日内申报补缴税款，补缴税款按改变用途的实际占用耕地面积和改变用途时当地适用税额计算。

**划重点　消痛点**

　　根据《国家税务总局关于耕地占用税征收管理有关事项的公告》（国家税务总局公告 2019 年第 30 号）第四条的规定，本案例中，朱先生改变原占地用途，需要补缴耕地占用税，其纳税义务发生时间为改变用途当日，具体为：经批准改变用途的，纳税义务发生时间为朱先生收到批准文件的当日；未经批准改变用途的，纳税义务发生时间为自然资源主管部门认定朱先生改变原占地用途的当日。

第五章 耕地占用税

### 第 98 集

### 耕地占用税的纳税地点应如何确定？

G 公司于 2022 年 4 月因开发房地产占用耕地，该耕地所在地为甲县。

提问：林老师，G 公司因开发房地产占用耕地，其耕地占用税的纳税地点应如何确定？

**林老师解答**

G 公司应向耕地所在地即甲县的主管税务机关申报缴纳耕地占用税。

**政策依据**

#### 中华人民共和国耕地占用税法

2018 年 12 月 29 日　中华人民共和国主席令第十八号

第九条　耕地占用税由税务机关负责征收。

#### 中华人民共和国耕地占用税法实施办法

2019 年 8 月 29 日　财政部公告 2019 年第 81 号

第二十八条　纳税人占用耕地，应当在耕地所在地申报纳税。

### 划重点　消痛点

本案例中，假定 G 公司因开发房地产还在乙县占用耕地，该耕地是用于种植农作物的土地，则根据《中华人民共和国耕地占用税法实施办法》第二十八条的规定，该公司除就案例中的甲县的耕地向甲县的主管税务机关办理耕地占用税纳税申报外，还应就乙县的耕地向乙县的主管税务机关办理耕地占用税纳税申报。

## 第 99 集
### 未经批准占用耕地，其耕地占用税的纳税义务发生时间应如何确定？

H 公司于 2022 年 4 月未经批准占用耕地。

**提问**：林老师，H 公司未经批准占用应税土地，其耕地占用税的纳税义务发生时间应如何确定？

### 林老师解答

H 公司耕地占用税的纳税义务发生时间为自然资源主管部门认定其实际占地的当日。

**政策依据**

**中华人民共和国耕地占用税法**

2018 年 12 月 29 日　中华人民共和国主席令第十八号

第十条　耕地占用税的纳税义务发生时间为纳税人收到自然资源主

第五章 耕地占用税

管部门办理占用耕地手续的书面通知的当日。纳税人应当自纳税义务发生之日起三十日内申报缴纳耕地占用税。

### 中华人民共和国耕地占用税法实施办法

2019年8月29日 财政部公告2019年第81号

第二十七条 未经批准占用耕地的，耕地占用税纳税义务发生时间为自然资源主管部门认定的纳税人实际占用耕地的当日。

### 国家税务总局关于耕地占用税征收管理有关事项的公告

2019年8月30日 国家税务总局公告2019年第30号

五、未经批准占用应税土地的纳税人，其纳税义务发生时间为自然资源主管部门认定其实际占地的当日。

## 知识链接

### 1. 什么是临时占用耕地？

根据《中华人民共和国耕地占用税法实施办法》第十八条的规定，临时占用耕地，是指经自然资源主管部门批准，在一般不超过2年内临时使用耕地并且没有修建永久性建筑物的行为。

## 2. 耕地占用税的税额标准是多少？

根据《中华人民共和国耕地占用税法》（中华人民共和国主席令第十八号）第四条的规定，耕地占用税的税额如下：

1. 人均耕地不超过1亩的地区（以县、自治县、不设区的市、市辖区为单位，下同），每平方米为10元至50元；
2. 人均耕地超过1亩但不超过2亩的地区，每平方米为8元至40元；
3. 人均耕地超过2亩但不超过3亩的地区，每平方米为6元至30元；
4. 人均耕地超过3亩的地区，每平方米为5元至25元。

各地区耕地占用税的适用税额，由省、自治区、直辖市人民政府根据人均耕地面积和经济发展等情况，在前款规定的税额幅度内提出，报同级人民代表大会常务委员会决定，并报全国人民代表大会常务委员会和国务院备案。各省、自治区、直辖市耕地占用税适用税额的平均水平，不得低于本法所附《各省、自治区、直辖市耕地占用税平均税额表》规定的平均税额。

《中华人民共和国耕地占用税法》第五条规定，在人均耕地低于零点五亩的地区，省、自治区、直辖市可以根据当地经济发展情况，适当提高耕地占用税的适用税额，但提高的部分不得超过《中华人民共和国耕地占用税法》第四条第二款确定的适用税额的50%。具体适用税额按照《中华人民共和国耕地占用税法》第四条第二款规定的程序确定。

## 3. 各省、自治区、直辖市耕地占用税平均税额是多少？

根据《中华人民共和国耕地占用税法》的附表，各省、自治区、直辖市耕地占用税平均税额如表5-1所示。

# 第五章 耕地占用税

表 5-1　各省、自治区、直辖市耕地占用税平均税额

| 省、自治区、直辖市 | 平均税额（元/平方米） |
| --- | --- |
| 上海 | 45 |
| 北京 | 40 |
| 天津 | 35 |
| 江苏、浙江、福建、广东 | 30 |
| 辽宁、湖北、湖南 | 25 |
| 河北、安徽、江西、山东、河南、重庆、四川 | 22.5 |
| 广西、海南、贵州、云南、陕西 | 20 |
| 山西、吉林、黑龙江 | 17.5 |
| 内蒙古、西藏、甘肃、青海、宁夏、新疆 | 12.5 |

# 第六章　资源税

## 第一节　资源税的纳税义务人和征税范围

**第 100 集**

### 资源税应由谁缴纳？

A 公司于 2022 年 4 月在境内开采原油，该原油属于《中华人民共和国资源税法》所附《资源税税目税率表》中的应税产品①。

**提问**：林老师，A 公司在境内开采原油，其资源税应由谁缴纳？

**林老师解答**

A 公司在境内开采原油，其资源税应由 A 公司缴纳。

**TAX 政策依据**

**中华人民共和国资源税法**

2019 年 8 月 26 日　中华人民共和国主席令第三十三号

**第一条**　在中华人民共和国领域和中华人民共和国管辖的其他海域开发应税资源的单位和个人，为资源税的纳税人，应当依照本法规定缴

---

① 除另有说明，本章各集案例所列举的产品均为《中华人民共和国资源税法》所附《资源税税目税率表》中的应税产品。

第六章 资源税

纳资源税。

应税资源的具体范围，由本法所附《资源税税目税率表》（以下称《税目税率表》）确定。

……

第十七条 本法自 2020 年 9 月 1 日起施行。……

### 划重点 消痛点

本案例中，假定 A 公司在境内开采油砂（属于应税矿产品），则根据《中华人民共和国资源税法》第三条第四款的规定，该公司开采的油砂原矿和选矿产品均为资源税应税产品。

## 第 101 集

### 纳税人将应税产品用于捐赠，需要缴纳资源税吗？

B 公司于 2022 年 4 月在境内开采煤产品。

当月 B 公司将开采的部分煤产品用于捐赠。

**提问**：林老师，B 公司将开采的部分煤产品用于捐赠，需要缴纳资源税吗？

### 林老师解答

需要。

> **政策依据**
>
> **中华人民共和国资源税法**
>
> 2019年8月26日 中华人民共和国主席令第三十三号
>
> 第五条 纳税人开采或者生产应税产品自用的,应当依照本法规定缴纳资源税;……
>
> **财政部 税务总局**
> **关于资源税有关问题执行口径的公告**
>
> 2020年6月28日 财政部 税务总局公告2020年第34号
>
> 二、纳税人自用应税产品应当缴纳资源税的情形,包括纳税人以应税产品用于……捐赠……
>
> 十二、本公告自2020年9月1日起施行。……

### 划重点 消痛点

财政部、税务总局公告2020年第34号第二条第一款规定的自用应税产品应当缴纳资源税的情形,除本案例例举的将应税矿产品用于捐赠外,还包括将应税矿产品用于非货币性资产交换、偿债、赞助、集资、投资、广告、样品、职工福利、利润分配或者连续生产非应税产品等。

本案例中,假定B公司将开采的煤产品用于连续生产应税产品,则根据《中华人民共和国资源税法》第五条的规定,该公司将开采的煤产品自用于连续生产应税产品,不缴纳资源税。

## 第二节　资源税的计税依据和税额计算

**第 102 集**

**实行从价计征的应税产品，其资源税应如何计算？**

扫码看视频

C 公司于 2022 年 4 月在境内开采天然气，其资源税实行从价计征。

**提问**：林老师，C 公司开采的天然气，其资源税应如何计算？

**林老师解答**

C 公司开采的天然气，应缴纳的资源税计算如下：

应纳税额 = 应税产品的销售额 × 具体适用税率

其中：应税产品的销售额不包括增值税税款。

**TAX 政策依据**

**中华人民共和国资源税法**

2019 年 8 月 26 日　中华人民共和国主席令第三十三号

第三条　资源税按照《税目税率表》实行从价计征或者从量计征。

……

实行从价计征的，应纳税额按照应税资源产品（以下称应税产品）的销售额乘以具体适用税率计算。……

221

> **财政部　税务总局**
> **关于资源税有关问题执行口径的公告**
>
> 2020年6月28日　财政部　税务总局公告2020年第34号
>
> 　　一、资源税应税产品（以下简称应税产品）的销售额，按照纳税人销售应税产品向购买方收取的全部价款确定，不包括增值税税款。
>
> ……
>
> 　　十二、本公告自2020年9月1日起施行。……

### 划重点　消痛点

　　本案例中，假定C公司的天然气销售额包括相关运杂费用，且该运杂费用已取得增值税发票，则根据财政部、税务总局公告2020年第34号第一条第二款的规定，C公司计入销售额中的相关运杂费用，准予从销售额中扣除。

### 知识链接

## 销售额明显偏低且无正当理由或者有自用应税产品行为而无销售额，其应税产品销售额应如何确定？

　　根据财政部、税务总局公告2020年第34号第三条的规定，纳税人申报的应税产品销售额明显偏低且无正当理由的，或者有自用应税产品行为而无销售额的，主管税务机关可以按下列方法和顺序确定其应税产品销售额：

第六章 资源税

1. 按纳税人最近时期同类产品的平均销售价格确定。
2. 按其他纳税人最近时期同类产品的平均销售价格确定。
3. 按后续加工非应税产品销售价格，减去后续加工环节的成本利润后确定。
4. 按应税产品组成计税价格确定。
组成计税价格 = 成本 ×（1+ 成本利润率）÷（1– 资源税税率）
上述公式中的成本利润率由省、自治区、直辖市税务机关确定。
5. 按其他合理方法确定。

### 第 103 集

**实行从量计征的应税产品，其资源税应如何计算？**

扫码看视频

D 公司于 2022 年 4 月在境内开采矿产品，其资源税实行从量计征。

**提问**：林老师，D 公司开采应税矿产品，其资源税应如何计算？

### 林老师解答

D 公司开采应税矿产品，应缴纳的资源税计算如下：
应纳税额 = 应税产品的销售数量 × 具体适用税率

223

## 溪发说税 之 财产行为税篇

> **TAX 政策依据**
>
> **中华人民共和国资源税法**
>
> 2019年8月26日 中华人民共和国主席令第三十三号
>
> 第三条 资源税按照《税目税率表》实行从价计征或者从量计征。
>
> ……
>
> ……实行从量计征的，应纳税额按照应税产品的销售数量乘以具体适用税率计算。

### 划重点 消痛点

本案例中，假定D公司开采同一税目下适用不同税率的应税产品，则根据《财政部 税务总局关于资源税有关问题执行口径的公告》（财政部 税务总局公告2020年第34号）第六条的规定，该公司应当分别核算不同税率应税产品的销售额或者销售数量；若该公司未分别核算或者不能准确提供不同税率应税产品的销售额或者销售数量，则应从高适用税率。

### 知识链接

#### 应税产品的销售数量包括哪些？

根据财政部、税务总局公告2020年第34号第四条的规定，应税产品的销售数量，包括纳税人开采或者生产应税产品的实际销售数量和自用于应当缴纳资源税情形的应税产品数量。

## 第三节　资源税税收优惠

### 第 104 集

**煤炭开采企业因安全生产需要抽采的煤成（层）气，可以免征资源税吗？**

扫码看视频

E公司是一家煤炭开采企业，其于2022年4月因安全生产需要抽采煤成（层）气，其资源税实行从价计征。

E公司对该煤成（层）气的销售额进行单独核算。

**提问**：林老师，E公司因安全生产需要抽采煤成（层）气，可以免征资源税吗？

### 林老师解答

可以。

**政策依据**

**中华人民共和国资源税法**

2019年8月26日　中华人民共和国主席令第三十三号

第六条　有下列情形之一的，免征资源税：

……

（二）煤炭开采企业因安全生产需要抽采的煤成（层）气。

……

第八条　纳税人的免税、减税项目，应当单独核算销售额或者销售

225

数量；未单独核算或者不能准确提供销售额或者销售数量的，不予免税或者减税。

**划重点　消痛点**

《中华人民共和国资源税法》第六条第一款规定的免征资源税的情形，除本案例例举的情形外，还包括开采原油以及在油田范围内运输原油过程中用于加热的原油、天然气。

**知识链接**

### 同时符合两项或者两项以上减征资源税优惠政策，可以全部享受吗？

根据《财政部　税务总局关于资源税有关问题执行口径的公告》（财政部　税务总局公告2020年第34号）第九条的规定，纳税人开采或者生产同一应税产品同时符合两项或者两项以上减征资源税优惠政策的，除另有规定外，只能选择其中一项执行。

# 第六章 资源税

## 第 105 集

### 从衰竭期矿山开采的矿产品，可以减征资源税吗？

F 公司于 2022 年 4 月从衰竭期矿山开采矿产品，其资源税实行从量计征。

F 公司对该矿产品的销售数量进行单独核算。

**提问**：林老师，F 公司销售从衰竭期矿山开采的矿产品，可以减征 30% 资源税吗？

### 林老师解答

可以。

**政策依据**

**中华人民共和国资源税法**

2019 年 8 月 26 日 中华人民共和国主席令第三十三号

第六条 ……

有下列情形之一的，减征资源税：

……

（四）从衰竭期矿山开采的矿产品，减征百分之三十资源税。

### 划重点 消痛点

《中华人民共和国资源税法》第六条第二款规定的减征资源税的情形，

227

溪发说税之财产行为税篇

除本案例例举的情形外，还包括下列情形：

　　1. 从低丰度油气田开采的原油、天然气，减征 20% 资源税；

　　2. 高含硫天然气、三次采油和从深水油气田开采的原油、天然气，减征 30% 资源税；

　　3. 稠油、高凝油减征 40% 资源税。

## 知识链接

### 1. 低丰度油气田包括哪些？

　　根据《中华人民共和国资源税法》第十六条第（一）项的规定，低丰度油气田，包括陆上低丰度油田、陆上低丰度气田、海上低丰度油田、海上低丰度气田。陆上低丰度油田是指每平方公里原油可开采储量丰度低于 25 万立方米的油田；陆上低丰度气田是指每平方公里天然气可开采储量丰度低于 2 亿 5 千万立方米的气田；海上低丰度油田是指每平方公里原油可开采储量丰度低于 60 万立方米的油田；海上低丰度气田是指每平方公里天然气可开采储量丰度低于 6 亿立方米的气田。

### 2. 什么是高含硫天然气？

　　根据《中华人民共和国资源税法》第十六条第（二）项的规定，高含硫天然气，是指硫化氢含量在每立方米 30 克以上的天然气。

### 3. 什么是三次采油？

　　根据《中华人民共和国资源税法》第十六条第（三）项的规定，三次采油,是指二次采油后继续以聚合物驱、复合驱、泡沫驱、气水交替驱、二氧化碳驱、微生物驱等方式进行采油。

## 4. 什么是深水油气田?

根据《中华人民共和国资源税法》第十六条第(四)项的规定,深水油气田,是指水深超过300米的油气田。

## 5. 什么是稠油?

根据《中华人民共和国资源税法》第十六条第(五)项的规定,稠油,是指地层原油粘度大于或等于每秒50毫帕或原油密度大于或等于每立方厘米0.92克的原油。

## 6. 什么是高凝油?

根据《中华人民共和国资源税法》第十六条第(六)项的规定,高凝油,是指凝固点高于40摄氏度的原油。

## 7. 什么是衰竭期矿山?

根据《中华人民共和国资源税法》第十六条第(七)项的规定,衰竭期矿山,是指设计开采年限超过15年,且剩余可开采储量下降到原设计可开采储量的20%以下或者剩余开采年限不超过5年的矿山。衰竭期矿山以开采企业下属的单个矿山为单位确定。

## 第 106 集

### 充填开采置换出来的煤炭，可以减征资源税吗？

G 公司于 2022 年 4 月以充填开采方式开采煤炭，其资源税实行从价计征。

G 公司对该矿产品的销售额进行单独核算。

提问：林老师，G 公司充填开采置换出来的煤炭，可以减征 50% 资源税吗？

### 林老师解答

可以。

**政策依据**

财政部　税务总局
关于继续执行的资源税优惠政策的公告
2020 年 6 月 24 日　财政部　税务总局公告 2020 年第 32 号

4. 自 2014 年 12 月 1 日至 2023 年 8 月 31 日，对充填开采置换出来的煤炭，资源税减征 50%。

### 划重点　消痛点

财政部、税务总局公告 2020 年第 32 号规定的继续执行的资源税优惠政策，除本案例例举的优惠政策外，还包括下列优惠政策：

## 第六章　资源税

1. 对青藏铁路公司及其所属单位运营期间自采自用的砂、石等材料免征资源税。具体操作按《财政部　国家税务总局关于青藏铁路公司运营期间有关税收等政策问题的通知》（财税〔2007〕11号）第三条规定执行。

2. 自2018年4月1日至2021年3月31日，对页岩气资源税减征30%。具体操作按《财政部　国家税务总局关于对页岩气减征资源税的通知》（财税〔2018〕26号）规定执行。

3. 自2019年1月1日至2021年12月31日，对增值税小规模纳税人可以在50%的税额幅度内减征资源税。具体操作按《财政部　税务总局关于实施小微企业普惠性税收减免政策的通知》（财税〔2019〕13号）有关规定执行。

根据《国家发展改革委等14部门印发〈关于促进服务业领域困难行业恢复发展的若干政策〉的通知》（发改财金〔2022〕271号）和《国家发展改革委等12部门关于印发促进工业经济平稳增长的若干政策的通知》（发改产业〔2022〕273号）的规定，2022年将省级人民政府在50%税额幅度内减征资源税的适用主体，由增值税小规模纳税人扩展至小型微利企业和个体工商户。

根据财政部、税务总局公告2022年第10号第一条、第四条的规定，自2022年1月1日至2024年12月31日，增值税小规模纳税人、小型微利企业和个体工商户可以在50%的税额幅度内减征资源税。

## 第四节　资源税征收管理

### 第 107 集

**开采应税矿产品，其资源税的纳税地点应如何确定？**

H 公司于 2022 年 4 月开采铁矿。

提问：林老师，H 公司开采铁矿，其资源税的纳税地点应如何确定？

**林老师解答**

H 公司应向铁矿开采地的税务机关申报缴纳资源税。

**政策依据**

**中华人民共和国资源税法**

2019 年 8 月 26 日　中华人民共和国主席令第三十三号

第十一条　纳税人应当向应税产品开采地或者生产地的税务机关申报缴纳资源税。

**财政部　税务总局关于资源税有关问题执行口径的公告**

2020 年 6 月 28 日　财政部　税务总局公告 2020 年第 34 号

十、纳税人应当在矿产品的开采地……缴纳资源税。

## 第六章 资源税

**划重点　消痛点**

财政部、税务总局公告2020年第34号规定的资源税的纳税地点，除本案例例举的纳税地点外，还包括下列纳税地点：

1. 纳税人应当在海盐的生产地缴纳资源税。
2. 海上开采的原油和天然气资源税由海洋石油税务管理机构征收管理。

### 第108集 销售应税矿产品，其资源税的纳税义务发生时间应如何确定？

I公司于2022年4月开采坞矿。

**提问**：林老师，I公司销售开采的坞矿产品，其资源税的纳税义务发生时间应如何确定？

**林老师解答**

I公司资源税的纳税义务发生时间为收讫销售款或者取得索取销售款凭据的当日。

**政策依据**

**中华人民共和国资源税法**

2019年8月26日　中华人民共和国主席令第三十三号

第十条　纳税人销售应税产品，纳税义务发生时间为收讫销售款或者取得索取销售款凭据的当日；……

233

溪发说税之财产行为税篇

扫码看视频

**第 109 集**

自用应税矿产品，
其资源税的纳税义务发生时间应如何确定？

J 公司于 2022 年 4 月开采金矿。

提问：林老师，J 公司将开采的部分金矿产品自用，其资源税的纳税义务发生时间应如何确定？

**林老师解答**

J 公司资源税的纳税义务发生时间为移送金矿产品的当日。

**TAX 政策依据**

**中华人民共和国资源税法**

2019 年 8 月 26 日　中华人民共和国主席令第三十三号

第十条　……自用应税产品的，纳税义务发生时间为移送应税产品的当日。

**知识链接**

**1. 水资源税试点征收规定**

根据《中华人民共和国资源税法》第十四条的规定，国务院根据国民经济和社会发展需要，依照本法的原则，对取用地表水或者地下水的

234

单位和个人试点征收水资源税。征收水资源税的，停止征收水资源费。水资源税根据当地水资源状况、取用水类型和经济发展等情况实行差别税率。水资源税试点实施办法由国务院规定，报全国人民代表大会常务委员会备案。

## 2. 资源税税目税率表

根据《中华人民共和国资源税法》的规定，资源税税目税率如表6-1所示。

表6-1　　　　　　　　　资源税税目税率

| 税目 | | | 征税对象 | 税率 |
|---|---|---|---|---|
| 能源矿产 | 原油 | | 原矿 | 6% |
| | 天然气、页岩气、天然气水合物 | | 原矿 | 6% |
| | 煤 | | 原矿或者选矿 | 2%~10% |
| | 煤成（层）气 | | 原矿 | 1%~2% |
| | 铀、钍 | | 原矿 | 4% |
| | 油页岩、油砂、天然沥青、石煤 | | 原矿或者选矿 | 1%~4% |
| | 地热 | | 原矿 | 1%~20%或者每立方米1~30元 |
| 金属矿产 | 黑色金属 | 铁、锰、铬、钒、钛 | 原矿或者选矿 | 1%~9% |
| | 有色金属 | 铜、铅、锌、锡、镍、锑、镁、钴、铋、汞 | 原矿或者选矿 | 2%~10% |
| | | 铝土矿 | 原矿或者选矿 | 2%~9% |
| | | 钨 | 选矿 | 6.5% |
| | | 钼 | 选矿 | 8% |
| | | 金、银 | 原矿或者选矿 | 2%~6% |

235

续表

| 税目 | | | 征税对象 | 税率 |
|---|---|---|---|---|
| 金属矿产 | 有色金属 | 铂、钯、钌、锇、铱、铑 | 原矿或者选矿 | 5% ~ 10% |
| | | 轻稀土 | 选矿 | 7% ~ 12% |
| | | 中重稀土 | 选矿 | 20% |
| | | 铍、锂、锆、锶、铷、铯、铌、钽、锗、镓、铟、铊、铪、铼、镉、硒、碲 | 原矿或者选矿 | 2% ~ 10% |
| 非金属矿产 | 矿物类 | 高岭土 | 原矿或者选矿 | 1% ~ 6% |
| | | 石灰岩 | 原矿或者选矿 | 1% ~ 6% 或者每吨（或者每立方米）1 ~ 10元 |
| | | 磷 | 原矿或者选矿 | 3% ~ 8% |
| | | 石墨 | 原矿或者选矿 | 3% ~ 12% |
| | | 萤石、硫铁矿、自然硫 | 原矿或者选矿 | 1% ~ 8% |
| | | 天然石英砂、脉石英、粉石英、水晶、工业用金刚石、冰洲石、蓝晶石、硅线石（矽线石）、长石、滑石、刚玉、菱镁矿、颜料矿物、天然碱、芒硝、钠硝石、明矾石、砷、硼、碘、溴、膨润土、硅藻土、陶瓷土、耐火粘土、铁矾土、凹凸棒石粘土、海泡石粘土、伊利石粘土、累托石粘土 | 原矿或者选矿 | 1% ~ 12% |
| | | 叶蜡石、硅灰石、透辉石、珍珠岩、云母、沸石、重晶石、毒重石、方解石、蛭石、透闪石、工业用电气石、白垩、石棉、蓝石棉、红柱石、石榴子石、石膏 | 原矿或者选矿 | 2% ~ 12% |
| | | 其他粘土（铸型用粘土、砖瓦用粘土、陶粒用粘土、水泥配料用粘土、水泥配料用红土、水泥配料用黄土、水泥配料用泥岩、保温材料用粘土） | 原矿或者选矿 | 1% ~ 5% 或者每吨（或者每立方米）0.1 ~ 5元 |

## 第六章 资源税

续表

| 税目 | | | 征税对象 | 税率 |
|---|---|---|---|---|
| 非金属矿产 | 岩石类 | 大理岩、花岗岩、白云岩、石英岩、砂岩、辉绿岩、安山岩、闪长岩、板岩、玄武岩、片麻岩、角闪岩、页岩、浮石、凝灰岩、黑曜岩、霞石正长岩、蛇纹岩、麦饭石、泥灰岩、含钾岩石、含钾砂页岩、天然油石、橄榄岩、松脂岩、粗面岩、辉长岩、辉石岩、正长岩、火山灰、火山渣、泥炭 | 原矿或者选矿 | 1% ~ 10% |
| | | 砂石 | 原矿或者选矿 | 1% ~ 5% 或者每吨（或者每立方米）0.1 ~ 5元 |
| | 宝玉石类 | 宝石、玉石、宝石级金刚石、玛瑙、黄玉、碧玺 | 原矿或者选矿 | 4% ~ 20% |
| 水气矿产 | 二氧化碳气、硫化氢气、氦气、氡气 | | 原矿 | 2% ~ 5% |
| | 矿泉水 | | 原矿 | 1% ~ 20% 或者每立方米 1 ~ 30 元 |
| 盐 | 钠盐、钾盐、镁盐、锂盐 | | 选矿 | 3% ~ 15% |
| | 天然卤水 | | 原矿 | 3% ~ 15% 或者每吨（或者每立方米）1 ~ 10 元 |
| | 海盐 | | | 2% ~ 5% |

# 第七章 车船税

## 第一节 车船税的纳税义务人和征税范围

**第 110 集**

### 车船税应由谁缴纳？

A 公司于 2022 年 4 月购买一辆新汽车，该辆汽车属于《中华人民共和国车船税法》所附《车船税税目税额表》规定的车辆[①]。

该辆汽车属于依法应当在车辆登记管理部门登记的机动车辆，其机动车行驶证的所有人为 A 公司。

**提问**：林老师，该辆汽车的车船税应由谁缴纳？

### 林老师解答

该辆汽车的车船税应由 A 公司缴纳。

**TAX 政策依据**

**中华人民共和国车船税法**

2019 年 4 月 23 日 中华人民共和国主席令第二十九号修正

第一条 在中华人民共和国境内属于本法所附《车船税税目税额

---

① 除另有说明，本章各集案例所列举的车辆、船舶均属于《中华人民共和国车船税法》所附《车船税税目税额表》规定的车辆、船舶。

# 第七章 车船税

表》规定的车辆、船舶（以下简称车船）的所有人……，为车船税的纳税人，应当依照本法缴纳车船税。

……

第十三条 本法自2012年1月1日起施行。……

**中华人民共和国车船税法实施条例**

2019年3月2日 中华人民共和国国务院令第709号修订

第二条 车船税法第一条所称车辆、船舶，是指：

（一）依法应当在车船登记管理部门登记的机动车辆和船舶；

……

第二十七条 本条例自2012年1月1日起施行。

### 划重点 消痛点

本案例中，假定该辆汽车的管理人为A公司，则根据《中华人民共和国车船税法》第一条的规定，该辆汽车的车船税的纳税人也为A公司。

## 第 111 集 依法不需要在车船登记管理部门登记的在单位内部场所行驶的机动船舶，需要缴纳车船税吗？

B 公司于 2022 年 4 月购买一艘新船舶。

该艘船舶属于不需要在车船登记管理部门登记的在单位内部行驶的机动船舶，其所有人为 B 公司。

提问：林老师，该艘船舶需要缴纳车船税吗？

### 林老师解答

需要。

**政策依据**

**中华人民共和国车船税法实施条例**

2019 年 3 月 2 日　中华人民共和国国务院令第 709 号修订

第二条　车船税法第一条所称车辆、船舶，是指：

……

（二）依法不需要在车船登记管理部门登记的在单位内部场所行驶或者作业的机动车辆和船舶。

## 第二节 车船税的计税依据和税额计算

### 第 112 集

**购置的新车辆，其车船税应如何计算？**

扫码看视频

C 公司于 2022 年 4 月购置一辆新汽车，其车船税的纳税义务发生时间为当月。

该辆汽车属于依法应当在车辆登记管理部门登记的机动车辆，其机动车行驶证的所有人为 C 公司。

该辆汽车适用的年应纳税额为 300 元。

**提问**：林老师，该辆新汽车应缴纳的 2022 年度车船税应如何计算？

### 林老师解答

该辆新汽车应缴纳的 2022 年度车船税计算如下：

应纳税额 = 年应纳税额 ÷ 12 个月 × 应纳税月份数
       = 300 ÷ 12 × 9
       = 225（元）

**TAX 政策依据**

**中华人民共和国车船税法**

2019 年 4 月 23 日 中华人民共和国主席令第二十九号修正

第二条 车船的适用税额依照本法所附《车船税税目税额表》

执行。

车辆的具体适用税额由省、自治区、直辖市人民政府依照本法所附《车船税税目税额表》规定的税额幅度和国务院的规定确定。

### 中华人民共和国车船税法实施条例

2019年3月2日　中华人民共和国国务院令第709号修订

第十九条　购置的新车船，购置当年的应纳税额自纳税义务发生的当月起按月计算。应纳税额为年应纳税额除以12再乘以应纳税月份数。……

### 划重点　消痛点

本案例中，假定该辆汽车于2023年10月报废，则根据《中华人民共和国车船税法实施条例》第十九条的规定，C公司可以凭有关管理机关出具的证明和车船税完税凭证，向纳税所在地的主管税务机关申请退还自被报废月份起至该纳税年度终了期间（即2023年10月至2023年12月）的车船税税款。

## 第七章 车船税

### 第 113 集

**已缴纳车船税的船舶在同一纳税年度内办理转让过户，其车船税应如何计算？**

扫码看视频

D 公司于 2022 年 4 月向甲公司购置一艘船舶，当月办理了转让过户手续，将船舶所有人变更登记为 D 公司。

该艘船舶在转让前已由甲公司申报缴纳了 2022 年度车船税。

**提问**：林老师，该艘船舶 2022 年度的车船税应如何计算缴纳？

### 林老师解答

该艘船舶转让前已缴纳了 2022 年度车船税，同一纳税年度内办理转让过户，不另纳税，也不退税。

**[TAX] 政策依据**

**中华人民共和国车船税法实施条例**

2019 年 3 月 2 日　中华人民共和国国务院令第 709 号修订

第二十条　已缴纳车船税的车船在同一纳税年度内办理转让过户的，不另纳税，也不退税。

## 第三节　车船税税收优惠

### 第 114 集

#### 捕捞渔船可以免征车船税吗？

E 公司于 2022 年 4 月购置一艘捕捞渔船。

该艘渔船已于当月在渔业船舶登记管理部门登记为捕捞船，其所有人为 E 公司。

提问：林老师，该艘捕捞渔船可以免征车船税吗？

**林老师解答**

可以。

**TAX 政策依据**

**中华人民共和国车船税法**

2019 年 4 月 23 日　中华人民共和国主席令第二十九号修正

第三条　下列车船免征车船税：

（一）捕捞、养殖渔船；

……

**中华人民共和国车船税法实施条例**

2019 年 3 月 2 日　中华人民共和国国务院令第 709 号修订

第七条　车船税法第三条第一项所称的捕捞、养殖渔船，是指在渔业船舶登记管理部门登记为捕捞船或者养殖船的船舶。

## 第七章 车船税

**划重点　消痛点**

《中华人民共和国车船税法》第三条规定的免征车船税的车船，除本案例例举的捕捞、养殖渔船外，还包括下列车船：

1. 军队、武装警察部队专用的车船；

2. 警用车船；

3. 悬挂应急救援专用号牌的国家综合性消防救援车辆和国家综合性消防救援专用船舶；

4. 依照法律规定应当予以免税的外国驻华使领馆、国际组织驻华代表机构及其有关人员的车船。

### 第 115 集

**国家综合性消防救援车辆由部队号牌改挂应急救援专用号牌，可以一次性免征改挂当年的车船税吗？**

扫码看视频

F 单位名下的一辆国家综合性消防救援车辆于 2022 年 4 月由部队号牌改挂应急救援专用号牌。

**提问：** 林老师，F 单位的车辆由部队号牌改挂应急救援专用号牌，可以一次性免征改挂当年的车船税吗？

**林老师解答**

可以。

## 溪发说税之财产行为税篇

> **政策依据**
>
> **财政部　税务总局**
> **关于国家综合性消防救援车辆车船税政策的通知**
>
> 2019年2月13日　财税〔2019〕18号
>
> 根据《国务院办公厅关于国家综合性消防救援车辆悬挂应急救援专用号牌有关事项的通知》（国办发〔2018〕114号）规定，国家综合性消防救援车辆由部队号牌改挂应急救援专用号牌的，一次性免征改挂当年车船税。

### 第116集

**妇幼保健机构自用的车辆，可以免征车船税吗？**

G医院是一家妇幼保健机构，其于2022年4月购买一辆新汽车。

该辆汽车属于依法应当在车辆登记管理部门登记的机动车辆，其机动车行驶证的所有人为G医院。

该辆汽车为G医院自用车辆。

提问：林老师，该辆汽车可以免征车船税吗？

> **林老师解答**
>
> 可以。

# 第七章 车船税

> **政策依据**
>
> **财政部　国家税务总局**
> **关于医疗卫生机构有关税收政策的通知**
>
> 2000年7月10日　财税〔2000〕42号
>
> 三、关于疾病控制机构和妇幼保健机构等卫生机构的税收政策。
>
> ……
>
> （二）对疾病控制机构和妇幼保健机构等卫生机构自用的……车船，免征……车船使用税。

## 知识链接

### 1. 非营利性医疗机构自用的车船，可以免征车船税吗？

根据财税〔2000〕42号文件第一条第（五）项的规定，自2000年7月10日起，非营利性医疗机构自用的车船，免征车船使用税。

### 2. 老年服务机构自用的车船，可以免征车船税吗？

根据《财政部　国家税务总局关于对老年服务机构有关税收政策问题的通知》（财税〔2000〕97号）第一条的规定，自2000年10月1日起，政府部门和企事业单位、社会团体以及个人等社会力量投资兴办的福利性、非营利性的老年服务机构自用的车船，免征车船使用税。

### 3. 被撤销金融机构清算期间自有的或从债务方接收的车辆，可以免征车船税吗？

根据《财政部 国家税务总局关于被撤销金融机构有关税收政策问题的通知》（财税〔2003〕141号）第二条第2项的规定，自《金融机构撤销条例》生效之日（即2001年12月15日）起，被撤销金融机构清算期间自有的或从债务方接收的车辆，免征车船使用税。

## 第117集

### 节能乘用车可以减半征收车船税吗？

H公司于2022年4月购买一辆新汽车。

该辆汽车属于依法应当在车辆登记管理部门登记的机动车辆，其机动车行驶证的所有人为H公司。

该辆汽车属于获得许可在中国境内销售的排量为1.6升的燃用汽油、柴油的乘用车，其综合工况燃料消耗量符合《财政部 税务总局 工业和信息化部 交通运输部关于节能 新能源车船享受车船税优惠政策的通知》（财税〔2018〕74号）第一条第（一）项等相关政策规定的标准。

**提问：** 林老师，该辆新汽车可以减半征收车船税吗？

# 第七章 车船税

### 林老师解答

可以。

**TAX 政策依据**

**中华人民共和国车船税法**

2019年4月23日 中华人民共和国主席令第二十九号修正

第四条 对节约能源、使用新能源的车船可以减征或者免征车船税；……

**中华人民共和国车船税法实施条例**

2019年3月2日 中华人民共和国国务院令第709号修订

第十条 节约能源、使用新能源的车船可以免征或者减半征收车船税。免征或者减半征收车船税的车船的范围，由国务院财政、税务主管部门商国务院有关部门制订，报国务院批准。

**财政部 税务总局 工业和信息化部 交通运输部关于节能 新能源车船享受车船税优惠政策的通知**

2018年7月10日 财税〔2018〕74号

一、对节能汽车，减半征收车船税。

（一）减半征收车船税的节能乘用车应同时符合以下标准：

1. 获得许可在中国境内销售的排量为1.6升以下（含1.6升）的燃用汽油、柴油的乘用车（含非插电式混合动力、双燃料和两用燃料乘用车）；

2. 综合工况燃料消耗量应符合标准，具体要求见附件1。

249

## 第四节　车船税征收管理

### 第 118 集　从事机动车第三者责任强制保险业务的保险机构，应当在收取保险费时依法代收车船税吗？

I 公司是一家从事机动车第三者责任强制保险业务的保险机构，属于机动车车船税的扣缴义务人。

**提问**：林老师，I 公司应当在收取保险费时依法代收车船税吗？

### 林老师解答

I 公司应当在收取保险费时依法代收车船税。

**政策依据**

**中华人民共和国车船税法**

2019 年 4 月 23 日　中华人民共和国主席令第二十九号修正

第六条　从事机动车第三者责任强制保险业务的保险机构为机动车车船税的扣缴义务人，应当在收取保险费时依法代收车船税，并出具代收税款凭证。

第七章 车船税

**知识链接**

扣缴义务人代收代缴车船税后，车辆登记地主管税务机关需要再次征收车船税吗？

根据《国家税务总局关于车船税征管若干问题的公告》（国家税务总局公告2013年第42号）第五条的规定，纳税人在购买"交强险"时，由扣缴义务人代收代缴车船税的，凭注明已收税款信息的"交强险"保险单，车辆登记地的主管税务机关不再征收该纳税年度的车船税。再次征收的，车辆登记地主管税务机关应予退还。

**第 119 集**

车船税的纳税地点应如何确定？

扫码看视频

J公司于2022年4月购置一艘机动船舶，当月在船舶登记管理部门办理登记手续，船舶所有人登记为J公司。

提问：林老师，该艘机动船舶的车船税的纳税地点应如何确定？

**林老师解答**

该艘机动船舶的车船税的纳税地点为船舶的登记地或者车船税扣缴义务人所在地。

251

### 政策依据

**中华人民共和国车船税法**

2019年4月23日 中华人民共和国主席令第二十九号修正

第七条 车船税的纳税地点为车船的登记地或者车船税扣缴义务人所在地。……

### 划重点 消痛点

本案例中，假定该艘机动船舶依法不需要办理登记，则根据《中华人民共和国车船税法》第七条的规定，车船税的纳税地点为该艘机动船舶的所有人或者管理人所在地。

### 第 120 集

### 车船税的纳税义务发生时间应如何确定？

K 公司于 2022 年 4 月购置一辆新汽车，当月在车辆登记管理部门办理登记手续，车辆所有人登记为 K 公司。

**提问**：林老师，该辆汽车的车船税的纳税义务发生时间应如何确定？

### 林老师解答

该辆汽车的车船税的纳税义务发生时间为取得车辆所有权的当月即 2022 年 4 月。

第七章　车船税

> **TAX 政策依据**
>
> **中华人民共和国车船税法**
>
> 2019年4月23日　中华人民共和国主席令第二十九号修正
>
> 第八条　车船税纳税义务发生时间为取得车船所有权……的当月。
>
> **中华人民共和国车船税法实施条例**
>
> 2019年3月2日　中华人民共和国国务院令第709号修订
>
> 第二十一条　车船税法第八条所称取得车船所有权……的当月，应当以购买车船的发票……所载日期的当月为准。

## 划重点　消痛点

根据《中华人民共和国车船税法实施条例》第二十三条的规定，本案例中，该辆汽车的车船税应按年申报，分月计算，一次性缴纳；纳税年度为公历1月1日至12月31日。

## 知识链接

### 1. 车船因质量问题发生退货，可以申请退还车船税吗？

根据《国家税务总局关于车船税征管若干问题的公告》（国家税务总局公告2013年第42号）第四条的规定，已经缴纳车船税的车船，因质量原因，车船被退回生产企业或者经销商，纳税人可以向纳税所在地的主管税务机关申请退还自退货月份起至该纳税年度终了期间的税款。退货月份以退货发票所载日期的当月为准。

253

## 2. 车船税税目税额表

根据《中华人民共和国车船税法》的规定，车船税税目税额如表7-1所示。

表7-1　　　　　　　　车船税税目税额

| 税　目 | | 计税单位 | 年基准税额 | 备　注 |
|---|---|---|---|---|
| 乘用车［按发动机汽缸容量（排气量）分档］ | 1.0升（含）以下的 | 每辆 | 60元至360元 | 核定载客人数9人（含）以下 |
| | 1.0升以上至1.6升（含）的 | | 300元至540元 | |
| | 1.6升以上至2.0升（含）的 | | 360元至660元 | |
| | 2.0升以上至2.5升（含）的 | | 660元至1200元 | |
| | 2.5升以上至3.0升（含）的 | | 1200元至2400元 | |
| | 3.0升以上至4.0升（含）的 | | 2400元至3600元 | |
| | 4.0升以上的 | | 3600元至5400元 | |
| 商用车 | 客车 | 每辆 | 480元至1440元 | 核定载客人数9人以上，包括电车 |
| | 货车 | 整备质量每吨 | 16元至120元 | 包括半挂牵引车、三轮汽车和低速载货汽车等 |
| 挂车 | | 整备质量每吨 | 按照货车税额的50%计算 | |
| 其他车辆 | 专用作业车 | 整备质量每吨 | 16元至120元 | 不包括拖拉机 |
| | 轮式专用机械车 | | 16元至120元 | |
| 摩托车 | | 每辆 | 36元至180元 | |
| 船舶 | 机动船舶 | 净吨位每吨 | 3元至6元 | 拖船、非机动驳船分别按照机动船舶税额的50%计算 |
| | 游艇 | 艇身长度每米 | 600元至2000元 | |

# 第八章 船舶吨税

## 第一节 船舶吨税的征税范围和税额计算

### 第 121 集
### 自我国境外港口进入境内港口的船舶，需要缴纳船舶吨税吗？

A 船舶于 2022 年 4 月自美国西雅图港进入厦门港。

**提问：** 林老师，自西雅图港进入厦门港的 A 船舶，需要缴纳船舶吨税吗？

**林老师解答**

需要。

**TAX 政策依据**

**中华人民共和国船舶吨税法**

2018 年 10 月 26 日　中华人民共和国主席令第十六号修订

第一条　自中华人民共和国境外港口进入境内港口的船舶（以下称应税船舶），应当依照本法缴纳船舶吨税（以下简称吨税）。

……

第二十二条　本法自 2018 年 7 月 1 日起施行。

## 海关总署关于《中华人民共和国船舶吨税法》实施有关事项的公告

2018年6月28日　海关总署公告2018年第77号

一、自2018年7月1日起，自我国境外港口进入境内港口的船舶（以下称"应税船舶"），应当依照《吨税法》缴纳船舶吨税。

### 第 122 集
### 自我国境外港口进入境内港口的船舶，其船舶吨税应如何计算？

B 船舶于 2022 年 4 月自英国利物浦港进入大连港，该艘船舶属于船舶吨税的应税船舶[①]。

**提问**：林老师，自英国利物浦港进入大连港的 B 船舶，其船舶吨税应如何计算？

### 林老师解答

B 船舶应缴纳的船舶吨税计算如下：

应纳税额 = 船舶净吨位 × 适用税率

---

① 除另有说明，本章各集案例所列举的船舶均属于《中华人民共和国船舶吨税法》的应税船舶。

# 第八章 船舶吨税

> **TAX 政策依据**
>
> **中华人民共和国船舶吨税法**
>
> 2018 年 10 月 26 日　中华人民共和国主席令第十六号修订
>
> 第五条　吨税的应纳税额按照船舶净吨位乘以适用税率计算。

## 划重点　消痛点

根据《中华人民共和国船舶吨税法》第三条规定，船舶吨税设置优惠税率和普通税率。中华人民共和国籍的应税船舶，船籍国（地区）与中华人民共和国签订含有相互给予船舶税费最惠国待遇条款的条约或者协定的应税船舶，适用优惠税率。其他应税船舶，适用普通税率。

## 知识链接

### 什么是净吨位？

根据《中华人民共和国船舶吨税法》第二十一条的规定，净吨位，是指由船籍国（地区）政府签发或者授权签发的船舶吨位证明书上标明的净吨位。

## 第二节　船舶吨税税收优惠

### 第 123 集
#### 自境外以购买方式取得船舶所有权的初次进口到港的空载船舶，可以免征船舶吨税吗？

甲公司于 2022 年 4 月在韩国购买一艘船舶，船舶所有权登记在甲公司名下。该艘初次进口的空载船舶于当月自韩国釜山港到达烟台港。

**提问**：林老师，自境外以购买方式取得船舶所有权的初次进口到港的该艘空载船舶，可以免征船舶吨税吗？

### 林老师解答

可以。

**政策依据**

**中华人民共和国船舶吨税法**

2018 年 10 月 26 日　中华人民共和国主席令第十六号修订

第九条　下列船舶免征吨税：

……

（二）自境外以购买、受赠、继承等方式取得船舶所有权的初次进口到港的空载船舶；

……

## 第八章 船舶吨税

### 第 124 集

#### 养殖渔船可以免征船舶吨税吗？

C 船舶于 2022 年 4 月自越南海防港进入北海港，该艘船舶在我国渔业船舶管理部门登记为养殖船。

**提问**：林老师，自越南海防港进入北海港的 C 船舶，可以免征船舶吨税吗？

### 林老师解答

可以。

**TAX 政策依据**

**中华人民共和国船舶吨税法**

2018 年 10 月 26 日　中华人民共和国主席令第十六号修订

第九条　下列船舶免征吨税：

……

（五）捕捞、养殖渔船；

……

第二十一条　本法及所附《吨税税目税率表》下列用语的含义：

……

捕捞、养殖渔船，是指在中华人民共和国渔业船舶管理部门登记为捕捞船或者养殖船的船舶。

溪发说税之 财产行为税篇

**划重点　消痛点**

根据《中华人民共和国船舶吨税法》第九条的规定，可以享受免征船舶吨税的船舶，除第 123 集案例及本集案例例举的船舶外，还包括下列船舶：

1. 应纳税额在人民币 50 元以下的船舶；
2. 吨税执照期满后 24 小时内不上下客货的船舶；
3. 非机动船舶（不包括非机动驳船）；
4. 避难、防疫隔离、修理、改造、终止运营或者拆解，并不上下客货的船舶；
5. 军队、武装警察部队专用或者征用的船舶；
6. 警用船舶；
7. 依照法律规定应当予以免税的外国驻华使领馆、国际组织驻华代表机构及其有关人员的船舶；
8. 国务院规定的其他船舶。

## 第 125 集

### 防疫隔离并不上下客货的应税船舶，可以办理船舶吨税执照延期吗？

D 船舶属于船舶吨税的应税船舶，2022 年 4 月该艘船舶自境外港口进入境内港口，当月因防疫隔离并不上下客货。

提问：林老师，D 船舶可以办理船舶吨税执照延期吗？

# 第八章　船舶吨税

### 林老师解答

可以。

**TAX 政策依据**

**中华人民共和国船舶吨税法**

2018 年 10 月 26 日　中华人民共和国主席令第十六号修订

第十条　在吨税执照期限内，应税船舶发生下列情形之一的，海关按照实际发生的天数批注延长吨税执照期限：

（一）避难、防疫隔离、修理、改造，并不上下客货；

……

第二十一条　本法及所附《吨税税目税率表》下列用语的含义：

……

吨税执照期限，是指按照公历年、日计算的期间。

**海关总署关于《中华人民共和国船舶吨税法》实施有关事项的公告**

2018 年 6 月 28 日　海关总署公告 2018 年第 77 号

八、应税船舶负责人应在延期事项发生地海关办理船舶吨税执照延期的海关手续，同时应提交延期申请。

### 划重点　消痛点

根据海关总署公告 2018 年第 77 号第九条、第十条、第十一条的规定，应税船舶负责人在缴纳船舶吨税前申请先行签发船舶吨税执照的，应当向海关提供与其依法履行吨税缴纳义务相适应的担保。应税船舶到达我国境内港口前，应税船舶负责人经海关核准，可凭与应缴税款相适应的担保申请办理先行申报手续。船舶吨税担保期限一般不超过 6 个月，特殊情况需要延期的，应当经主管海关核准。应税船舶负责人应当在海关核准的船舶吨税担保期限内履行纳税义务。

## 第 126 集

### 应税船舶在吨税执照期限内因修理、改造导致净吨位变化，其吨税执照可以继续有效吗？

E 船舶属于船舶吨税的应税船舶，2022 年 4 月该艘船舶在吨税执照期限内进行修理、改造，导致船舶净吨位发生变化。

**提问**：林老师，E 船舶在吨税执照期限内因修理、改造导致净吨位变化，其吨税执照可以继续有效吗？

### 林老师解答

可以。

**政策依据**

**中华人民共和国船舶吨税法**

2018 年 10 月 26 日 中华人民共和国主席令第十六号修订

第十四条 应税船舶在吨税执照期限内，因修理、改造导致净吨位变化的，吨税执照继续有效。……

第八章 船舶吨税

**划重点 消痛点**

根据《中华人民共和国船舶吨税法》第十四条的规定，本案例中，E 船舶的吨税执照继续有效，该船舶在办理出入境手续时，应当提供船舶经过修理、改造的证明文件。

### 第 127 集 应税船舶在吨税执照期限内因船籍改变而导致适用税率变化，其吨税执照可以继续有效吗？

F 船舶属于船舶吨税的应税船舶，2022 年 4 月该艘船舶在吨税执照期限内改变船籍，导致适用的船舶吨税税率发生变化。

**提问**：林老师，F 船舶在吨税执照期限内因船籍改变而导致适用税率变化，其吨税执照可以继续有效吗？

扫码看视频

**林老师解答**

可以。

**TAX 政策依据**

**中华人民共和国船舶吨税法**

2018 年 10 月 26 日 中华人民共和国主席令第十六号修订

第十五条 应税船舶在吨税执照期限内，因税目税率调整或者船籍改变而导致适用税率变化的，吨税执照继续有效。

263

> 划重点　消痛点

根据《中华人民共和国船舶吨税法》第十五条第二款的规定，本案例中，F船舶因船籍改变而导致适用税率变化，该船舶在办理出入境手续时，应当提供船籍改变的证明文件。

## 第三节　船舶吨税征收管理

### 第 128 集

**船舶吨税的纳税义务发生时间应如何确定?**

G 船舶于 2022 年 4 月自境外港口进入境内港口。

提问：林老师，G 船舶的船舶吨税的纳税义务发生时间应如何确定？

### 林老师解答

G 船舶的船舶吨税的纳税义务发生时间为其进入境内港口的当日。

**政策依据**

**中华人民共和国船舶吨税法**

2018 年 10 月 26 日　中华人民共和国主席令第十六号修订

第八条　吨税纳税义务发生时间为应税船舶进入港口的当日。

## 知识链接

### 船舶吨税缴纳期限是多久？

根据《海关总署关于〈中华人民共和国船舶吨位税法〉实施有关事项的公告》（海关总署公告2018年第77号）第二条的规定，船舶吨税分1年期缴纳、90天期缴纳与30天期缴纳三种。缴纳期限由应税船舶负责人自行选择。

## 第 129 集

### 应税船舶在吨税执照期满后尚未离开港口，应自何时起续缴船舶吨税？

2022年4月，H船舶在吨税执照期满后尚未离开港口。

**提问**：林老师，H船舶应自何时起续缴船舶吨税？

### 林老师解答

H船舶应自上一次执照期满的次日起续缴船舶吨税。

**TAX 政策依据**

**中华人民共和国船舶吨税法**

2018年10月26日　中华人民共和国主席令第十六号修订

第八条　……

应税船舶在吨税执照期满后尚未离开港口的，应当申领新的吨税执照，自上一次执照期满的次日起续缴吨税。

# 第八章  船舶吨税

## 知识链接

### 船舶吨税税目税率表

根据《中华人民共和国船舶吨税法》的规定，船舶吨税税目税率如表8-1所示。

表8-1  船舶吨税税目税率

| 税目（按船舶净吨位划分） | 普通税率（按执照期限划分） ||| 优惠税率（按执照期限划分） ||| 备注 |
|---|---|---|---|---|---|---|---|
| | 1年 | 90日 | 30日 | 1年 | 90日 | 30日 | |
| 不超过2000净吨 | 12.6 | 4.2 | 2.1 | 9.0 | 3.0 | 1.5 | 1.拖船按照发动机功率每千瓦折合净吨位0.67吨。2.无法提供净吨位证明文件的游艇，按照发动机功率每千瓦折合净吨位0.05吨。3.拖船和非机动驳船分别按相同净吨位船舶税率的50%计征税款。 |
| 超过2000净吨，但不超过10000净吨 | 24.0 | 8.0 | 4.0 | 17.4 | 5.8 | 2.9 | |
| 超过10000净吨，但不超过50000净吨 | 27.6 | 9.2 | 4.6 | 19.8 | 6.6 | 3.3 | |
| 超过50000净吨 | 31.8 | 10.6 | 5.3 | 22.8 | 7.6 | 3.8 | |

# 第九章　烟叶税

## 第一节　烟叶税的纳税义务人和税额计算

**第 130 集**

**烟叶税应由谁缴纳？**

甲公司于 2022 年 4 月依照《中华人民共和国烟草专卖法》的规定向烟叶生产销售单位和个人收购烤烟叶，支付收购价款 2000 万元。

**提问：** 林老师，甲公司收购烤烟叶，其烟叶税应由谁缴纳？

### 林老师解答

甲公司收购烤烟叶，其烟叶税应由甲公司缴纳。

**TAX 政策依据**

**中华人民共和国烟叶税法**

2017 年 12 月 27 日　中华人民共和国主席令第八十四号

第一条　在中华人民共和国境内，依照《中华人民共和国烟草专卖法》的规定收购烟叶的单位为烟叶税的纳税人。纳税人应当依照本法规定缴纳烟叶税。

第二条　本法所称烟叶，是指烤烟叶、晾晒烟叶。

……

第十条　本法自 2018 年 7 月 1 日起施行。……

第九章 烟叶税

### 第 131 集

### 收购烟叶，其烟叶税的计税依据应如何确定？

承第 130 集案例。

**提问**：林老师，甲公司收购烤烟叶，其烟叶税的计税依据应如何确定？

### 林老师解答

甲公司烟叶税的计税依据计算如下：

计税依据 = 烟叶收购价款 + 价外补贴

= 2000 + 2000 × 10%

= 2200（万元）

### TAX 政策依据

**中华人民共和国烟叶税法**

2017 年 12 月 27 日 中华人民共和国主席令第八十四号

第三条 烟叶税的计税依据为纳税人收购烟叶实际支付的价款总额。

**财政部 税务总局关于明确烟叶税计税依据的通知**

2018 年 6 月 29 日 财税〔2018〕75 号

纳税人收购烟叶实际支付的价款总额包括纳税人支付给烟叶生产销售单位和个人的烟叶收购价款和价外补贴。其中，价外补贴统一按烟叶收购价款的 10% 计算。

### 第 132 集

### 收购烟叶，其烟叶税的应纳税额应如何计算？

承第 130 集案例。

**提问**：林老师，甲公司收购烤烟叶，其烟叶税的应纳税额应如何计算？

### 林老师解答

甲公司烟叶税的应纳税额计算如下：

应纳税额 = 纳税人收购烟叶实际支付的价款总额 × 20%

= 2200 × 20%

= 440（万元）

### 政策依据

**中华人民共和国烟叶税法**

2017 年 12 月 27 日　中华人民共和国主席令第八十四号

第四条　烟叶税的税率为百分之二十。

第五条　烟叶税的应纳税额按照纳税人收购烟叶实际支付的价款总额乘以税率计算。

## 第二节　烟叶税征收管理

**第 133 集**

**收购烟叶，其烟叶税的纳税地点应如何确定？**

扫码看视频

乙公司于 2022 年 4 月依照《中华人民共和国烟草专卖法》的规定在 A 县收购烟叶。

**提问**：林老师，乙公司收购烟叶，其烟叶税的纳税地点应如何确定？

**林老师解答**

乙公司应向烟叶收购地 A 县的主管税务机关申报缴纳烟叶税。

**TAX 政策依据**

**中华人民共和国烟叶税法**

2017 年 12 月 27 日　中华人民共和国主席令第八十四号

第七条　纳税人应当向烟叶收购地的主管税务机关申报缴纳烟叶税。

**划重点　消痛点**

本案例中，假定乙公司还在 B 县收购烟叶，则根据《中华人民共和国

271

烟叶税法》第七条的规定，该公司在 A 县收购烟叶应向 A 县的主管税务机关办理烟叶税纳税申报，在 B 县收购烟叶应向 B 县的主管税务机关办理烟叶税纳税申报。

### 第 134 集

### 收购烟叶，其烟叶税的纳税义务发生时间应如何确定？

承第 133 集案例。

**提问**：林老师，乙公司收购烟叶，其烟叶税的纳税义务发生时间应如何确定？

**林老师解答**

乙公司烟叶税的纳税义务发生时间为其收购烟叶的当日。

**政策依据**

**中华人民共和国烟叶税法**

2017 年 12 月 27 日　中华人民共和国主席令第八十四号

第八条　烟叶税的纳税义务发生时间为纳税人收购烟叶的当日。

**划重点　消痛点**

根据《中华人民共和国烟叶税法》第九条的规定，本案例中，乙公司烟叶税按月计征，其应于纳税义务发生月终了之日起 15 日内申报并缴纳税款。

# 第十章 印花税

## 第一节 印花税的纳税义务人和征税范围

### 第 135 集

**印花税应由谁缴纳？**

A 公司与甲银行于 2022 年 7 月在境内签订了借款合同，该借款合同属于《中华人民共和国印花税法》所附《印花税税目税率表》列明的合同①。

甲银行属于银行业金融机构。

**提问：** 林老师，A 公司与甲银行签订的该借款合同，其印花税应由谁缴纳？

**林老师解答**

该借款合同的印花税应由 A 公司、甲银行按照各自涉及的金额分别计算缴纳。

**政策依据**

**中华人民共和国印花税法**

2021 年 6 月 10 日 中华人民共和国主席令第八十九号

第一条 在中华人民共和国境内书立应税凭证、进行证券交易的单

---

① 除另有说明，本章各集条例所列举的合同、产权转移书据均属于《中华人民共和国印花税法》所附《印花税税目税率表》列明的合同、产权转移书据。

溪发说税之财产行为税篇

> 位和个人，为印花税的纳税人，应当依照本法规定缴纳印花税。
> ……
> 第二条 本法所称应税凭证，是指本法所附《印花税税目税率表》列明的合同、产权转移书据和营业账簿。
> ……
> 第十条 同一应税凭证由两方以上当事人书立的，按照各自涉及的金额分别计算应纳税额。
> ……
> 第二十条 本法自 2022 年 7 月 1 日起施行。……

**划重点　消痛点**

本案例中，假定 A 公司在中华人民共和国境外签订在境内使用的技术合同，则根据《中华人民共和国印花税法》第一条第二款的规定，该公司应就该技术合同依照规定缴纳印花税。

## 第 136 集
### 证券交易印花税的纳税义务人应如何确定？

B 公司于 2022 年 7 月将其持有的在深圳证券交易所上市流通的 1 万股 A 股股票转让给乙公司。

提问：林老师，B 公司将该股票转让给乙公司，其证券交易印花税应由谁缴纳？

# 第十章 印花税

> **林老师解答**
>
> 该股票转让的印花税应由 B 公司按规定申报缴纳，乙公司无须申报缴纳。
>
> **TAX 政策依据**
>
> **中华人民共和国印花税法**
>
> 2021 年 6 月 10 日　中华人民共和国主席令第八十九号
>
> 第一条　在中华人民共和国境内书立应税凭证、进行证券交易的单位和个人，为印花税的纳税人，应当依照本法规定缴纳印花税。
>
> ……
>
> 第三条　本法所称证券交易，是指转让在依法设立的证券交易所、国务院批准的其他全国性证券交易场所交易的股票和以股票为基础的存托凭证。
>
> 证券交易印花税对证券交易的出让方征收，不对受让方征收。

## 第二节　印花税的计税依据和税额计算

### 第 137 集

#### 应税合同印花税的计税依据应如何确定？

C 公司与丙公司于 2022 年 7 月在境内签订了货物买卖合同。该买卖合同列明货物不含税金额 1000 万元，增值税税款 130 万元。

提问：林老师，C 公司与丙公司签订的该买卖合同，其印花税的计税依据应如何确定？

### 林老师解答

该买卖合同的印花税的计税依据为合同所列货物金额 1000 万元，不包括列明的增值税税款 130 万元。

**政策依据**

**中华人民共和国印花税法**

2021 年 6 月 10 日　中华人民共和国主席令第八十九号

第五条　印花税的计税依据如下：

（一）应税合同的计税依据，为合同所列的金额，不包括列明的增值税税款；

……

## 划重点 消痛点

本案例中，假定该买卖合同未列明金额，则根据《中华人民共和国印花税法》第六条的规定，该买卖合同的印花税的计税依据应按照实际结算的金额确定。若实际结算的金额无法确定，该买卖合同的印花税的计税依据应按照签订合同时的市场价格确定；依法应当执行政府定价或者政府指导价的，应按照国家有关规定确定。

再假定，该买卖合同载有三个印花税税目事项并分别列明金额，则根据《中华人民共和国印花税法》第九条的规定，不同税目事项应按照各自适用的税目税率分别计算印花税的应纳税额；若未分别列明金额，则应从高适用税率。

### 第 138 集

**产权转移书据印花税的计税依据应如何确定？**

D 公司与丁公司于 2022 年 7 月在境内签订了专有技术使用权转让书据。

该产权转移书据列明不含税转让金额 100 万元，增值税税款 6 万元。

提问：林老师，D 公司与丁公司签订的该产权转移书据，其印花税的计税依据应如何确定？

### 林老师解答

该产权转移书据的印花税的计税依据为该产权转移书据所列的不含税转让金额 100 万元，不包括列明的增值税税款 6 万元。

### 政策依据

**中华人民共和国印花税法**

2021 年 6 月 10 日　中华人民共和国主席令第八十九号

第五条　印花税的计税依据如下：

……

（二）应税产权转移书据的计税依据，为产权转移书据所列的金额，不包括列明的增值税税款；

……

### 划重点　消痛点

本案例中，假定该产权转移书据未列明金额，则根据《中华人民共和国印花税法》第六条的规定，该产权转移书据的印花税的计税依据应按照实际结算的金额确定。若实际结算的金额无法确定，该产权转移书据的印花税的计税依据应按照签订产权转移书据时的市场价格确定；依法应当执行政府定价或者政府指导价的，应按照国家有关规定确定。

## 第十章 印花税

### 第 139 集

**营业账簿印花税的计税依据应如何确定？**

E 公司于 2022 年 7 月成立，当月在账簿记载实收资本 1000 万元、资本公积 10 万元。

**提问**：林老师，E 公司营业账簿印花税的计税依据应如何确定？

**林老师解答**

E 公司营业账簿印花税的计税依据计算如下：

计税依据 = 实收资本金额 + 资本公积金额
　　　　 = 1000 + 10
　　　　 = 1010（万元）

**政策依据**

**中华人民共和国印花税法**

2021 年 6 月 10 日　中华人民共和国主席令第八十九号

第五条　印花税的计税依据如下：

……

（三）应税营业账簿的计税依据，为账簿记载的实收资本（股本）、资本公积合计金额；

……

### 划重点 消痛点

本案例中，假定 2023 年 2 月 E 公司的营业账簿记载的实收资本、资本公积合计金额比已缴纳印花税的实收资本、资本公积合计金额增加 500 万元，则根据《中华人民共和国印花税法》第十一条的规定，该公司营业账簿应按照增加部分 500 万元计算应纳税额。

## 第 140 集

### 证券交易印花税的计税依据应如何确定？

F 公司于 2022 年 7 月将其持有的在上海证券交易所上市流通的股票转让，成交金额为 215 万元。

提问：林老师，F 公司转让该股票，其印花税的计税依据应如何确定？

### 林老师解答

该股票转让的印花税的计税依据为成交金额 215 万元。

### TAX 政策依据

**中华人民共和国印花税法**

2021 年 6 月 10 日 中华人民共和国主席令第八十九号

第五条 印花税的计税依据如下：

……

（四）证券交易的计税依据，为成交金额。

## 第十章 印花税

> **划重点　消痛点**

本案例中，假定该股票转让无转让价格，则根据《中华人民共和国印花税法》第七条的规定，该股票转让的印花税的计税依据应按照办理过户登记手续时该股票转让前一个交易日收盘价计算确定；若无收盘价，该股票转让的印花税的计税依据应按照股票面值计算确定。

### 第 141 集

#### 印花税的应纳税额应如何计算？

承第 140 集案例。

**提问**：林老师，证券交易印花税税率为 0.1%。F 公司转让该股票，其印花税的应纳税额应如何计算？

**林老师解答**

该股票转让应缴纳的印花税计算如下：

应纳税额 = 计税依据 × 适用税率
　　　　 = 2150000 × 0.1%
　　　　 = 2150（元）

281

> **政策依据**
>
> ## 中华人民共和国印花税法
>
> 2021年6月10日　中华人民共和国主席令第八十九号
>
> 第八条　印花税的应纳税额按照计税依据乘以适用税率计算。

## 第三节　印花税税收优惠

### 第 142 集
### 农民专业合作社销售农产品书立的买卖合同，可以免征印花税吗？

G合作社是一家农民专业合作社，其于2022年7月向客户销售一批农产品并签订了农产品销售合同。

**提问**：林老师，G合作社签订的该农产品销售合同，其可以免征印花税吗？

### 林老师解答

可以。

**政策依据**

**中华人民共和国印花税法**

2021年6月10日　中华人民共和国主席令第八十九号

第十二条　下列凭证免征印花税：

……

（四）农民、家庭农场、农民专业合作社、农村集体经济组织、村民委员会购买农业生产资料或者销售农产品书立的买卖合同和农业保险合同；

……

### 划重点　消痛点

《中华人民共和国印花税法》第十二条规定的免征印花税的凭证，除本案例例举的凭证外，还包括下列凭证：

1. 应税凭证的副本或者抄本；
2. 依照法律规定应当予以免税的外国驻华使馆、领事馆和国际组织驻华代表机构为获得馆舍书立的应税凭证；
3. 中国人民解放军、中国人民武装警察部队书立的应税凭证；
4. 无息或者贴息借款合同、国际金融组织向中国提供优惠贷款书立的借款合同；
5. 财产所有权人将财产赠与政府、学校、社会福利机构、慈善组织书立的产权转移书据；
6. 非营利性医疗卫生机构采购药品或者卫生材料书立的买卖合同；
7. 个人与电子商务经营者订立的电子订单。

## 第 143 集

### 高校学生公寓的租赁合同，可以免征印花税吗？

H大学于2022年7月与高校学生在境内签订了高校学生公寓租赁合同。

该高校学生公寓属于为高校学生提供住宿服务，按照国家规定的收费标准收取住宿费的学生公寓。

**提问**：林老师，H大学与高校学生签订的该租赁合同，可以免征印花税吗？

# 第十章 印花税

**林老师解答**

可以。

**政策依据**

财政部 税务总局
关于高校学生公寓房产税 印花税政策的通知

2019年1月31日 财税〔2019〕14号

二、对与高校学生签订的高校学生公寓租赁合同，免征印花税。

三、本通知所称高校学生公寓，是指为高校学生提供住宿服务，按照国家规定的收费标准收取住宿费的学生公寓。

……

五、本通知自2019年1月1日至2021年12月31日执行。

财政部 税务总局
关于延长部分税收优惠政策执行期限的公告

2022年1月29日 财政部 税务总局公告2022年第4号

一、……《财政部 税务总局关于高校学生公寓房产税 印花税政策的通知》（财税〔2019〕14号）……中规定的税收优惠政策，执行期限延长至2023年12月31日。

## 溪发说税之财产行为税篇

### 知识链接

#### 1. 商品储备管理公司及其直属库资金账簿，可以免征印花税吗？

根据《财政部 税务总局关于部分国家储备商品有关税收政策的公告》（财政部 税务总局公告2019年第77号）第一条的规定，自2019年1月1日至2021年12月31日，商品储备管理公司及其直属库资金账簿，免征印花税。《财政部 税务总局关于延续执行部分国家储备商品税收优惠政策的公告》（财政部 税务总局公告2022年第8号）将该项税收优惠政策执行期限延长至2023年12月31日。

#### 2. 商品储备管理公司及其直属库承担商品储备业务过程中书立的购销合同，可以免征印花税吗？

根据财政部、税务总局公告2019年第77号第一条的规定，自2019年1月1日至2021年12月31日，对商品储备管理公司及其直属库承担商品储备业务过程中书立的购销合同免征印花税，对合同其他各方当事人应缴纳的印花税照章征收。财政部、税务总局公告2022年第8号将该项税收优惠政策执行期限延长至2023年12月31日。

## 第四节　印花税征收管理

### 第 144 集

**建设工程合同印花税的纳税地点应如何确定？**

扫码看视频

I 公司于 2022 年 7 月在甲县签订了建设工程合同。I 公司的机构所在地在乙县。

**提问**：林老师，I 公司签订该建设工程合同，其印花税的纳税地点应如何确定？

### 林老师解答

I 公司签订该建设工程合同，应当向其机构所在地即乙县的主管税务机关申报缴纳印花税。

**TAX 政策依据**

**中华人民共和国印花税法**

2021 年 6 月 10 日　中华人民共和国主席令第八十九号

第十三条　纳税人为单位的，应当向其机构所在地的主管税务机关申报缴纳印花税；……

### 划重点 消痛点

本案例中，假定该建设工程合同的对方当事人为白先生，白先生居住地为丙县，则根据《中华人民共和国印花税法》第十三条第一款的规定，白先生应当向该建设工程合同的签订地甲县或者其居住地丙县的主管税务机关申报缴纳印花税。

再假定，2022年7月I公司还在丁县签订房产销售合同，则根据《中华人民共和国印花税法》第十三条的规定，该公司除就本案例中的该建设工程合同向乙县的主管税务机关办理印花税纳税申报外，还应就该房产销售合同向房产所在地丁县的主管税务机关办理印花税纳税申报。

## 第145集

### 技术合同印花税的扣缴义务人应如何确定？

外国企业J公司于2022年7月委托其境内代理人K公司在境内签订了技术合同。

**提问**：林老师，J公司签订该技术合同，其印花税的扣缴义务人应如何确定？

### 林老师解答

J公司应缴纳的该技术合同印花税的扣缴义务人为其境内代理人K公司。

# 第十章 印花税

> **TAX 政策依据**
>
> **中华人民共和国印花税法**
>
> 2021年6月10日 中华人民共和国主席令第八十九号
>
> 第十四条 纳税人为境外单位或者个人，在境内有代理人的，以其境内代理人为扣缴义务人……

### 划重点 消痛点

本案例中，假定J公司在境内没有代理人，则根据《中华人民共和国印花税法》第十四条第一款的规定，该公司应自行申报缴纳印花税。

### 知识链接

#### 证券交易印花税的扣缴义务人应如何确定？

根据《中华人民共和国印花税法》第十四条第二款的规定，证券登记结算机构为证券交易印花税的扣缴义务人，应当向其机构所在地的主管税务机关申报解缴税款以及银行结算的利息。

溪发说税之 财产行为税篇

扫码看视频

### 第 146 集

### 运输合同印花税的纳税义务发生时间应如何确定？

L 公司于 2022 年 7 月在境内签订了运输合同。

提问：林老师，L 公司签订该运输合同，其印花税的纳税义务发生时间应如何确定？

#### 林老师解答

该运输合同的印花税的纳税义务发生时间为其签订时间即 2022 年 7 月。

**TAX 政策依据**

**中华人民共和国印花税法**

2021 年 6 月 10 日　中华人民共和国主席令第八十九号

第十五条　印花税的纳税义务发生时间为纳税人书立应税凭证……的当日。

#### 知识链接

### 1. 证券交易印花税的纳税义务发生时间应如何确定？

根据《中华人民共和国印花税法》第十五条第一款的规定，证券交

290

易印花税的纳税义务发生时间为纳税人书立应税凭证或者完成证券交易的当日。

## 2. 证券交易印花税的扣缴义务发生时间应如何确定？

根据《中华人民共和国印花税法》第十五条第二款的规定，证券交易印花税扣缴义务发生时间为证券交易完成的当日。

## 3. 印花税的纳税申报期应如何确定？

根据《中华人民共和国印花税法》第十六条的规定，印花税按季、按年或者按次计征。实行按季、按年计征的，纳税人应当自季度、年度终了之日起十五日内申报缴纳税款；实行按次计征的，纳税人应当自纳税义务发生之日起十五日内申报缴纳税款。证券交易印花税按周解缴。证券交易印花税扣缴义务人应当自每周终了之日起五日内申报解缴税款以及银行结算的利息。

## 4. 印花税的缴纳方式有哪些？

根据《中华人民共和国印花税法》第十七条的规定，印花税可以采用粘贴印花税票或者由税务机关依法开具其他完税凭证的方式缴纳。印花税票粘贴在应税凭证上的，由纳税人在每枚税票的骑缝处盖戳注销或者画销。印花税票由国务院税务主管部门监制。

## 5. 印花税税目税率表

根据《中华人民共和国印花税法》所附《印花税税目税率表》，自2022年7月1日起，印花税税目税率如表10-1所示。

表10-1　　印花税税目税率（2022版，2022年7月1日起执行）

| 税　目 | | 税　率 | 备　注 |
|---|---|---|---|
| 合同（指书面合同） | 借款合同 | 借款金额的0.05‰ | 指银行业金融机构、经国务院银行业监督管理机构批准设立的其他金融机构与借款人（不包括同业拆借）的借款合同 |
| | 融资租赁合同 | 租金的0.05‰ | |
| | 买卖合同 | 价款的0.3‰ | 指动产买卖合同（不包括个人书立的动产买卖合同） |
| | 承揽合同 | 报酬的0.3‰ | |
| | 建设工程合同 | 价款的0.3‰ | |
| | 运输合同 | 运输费用的0.3‰ | 指货运合同和多式联运合同（不包括管道运输合同） |
| | 技术合同 | 价款、报酬或者使用费的0.3‰ | 不包括专利权、专有技术使用权转让书据 |
| | 租赁合同 | 租金的1‰ | |
| | 保管合同 | 保管费的1‰ | |
| | 仓储合同 | 仓储费的1‰ | |
| | 财产保险合同 | 保险费的1‰ | 不包括再保险合同 |

续表

| 税　目 | | 税　率 | 备　注 |
|---|---|---|---|
| 产权转移书据 | 土地使用权出让书据 | 价款的 0.5‰ | 转让包括买卖（出售）、继承、赠与、互换、分割 |
| | 土地使用权、房屋等建筑物和构筑物所有权转让书据（不包括土地承包经营权和土地经营权转移） | 价款的 0.5‰ | |
| | 股权转让书据（不包括应缴纳证券交易印花税的） | 价款的 0.5‰ | |
| | 商标专用权、著作权、专利权、专有技术使用权转让书据 | 价款的 0.3‰ | |
| 营业账簿 | | 实收资本（股本）、资本公积合计金额的 0.25‰ | |
| 证券交易 | | 成交金额的 1‰ | |

# 第十一章　环境保护税

## 第一节　环境保护税的纳税义务人和征税范围

### 第 147 集

### 环境保护税应由谁缴纳？

A 公司于 2022 年 5 月向大气直接排放二氧化硫，该二氧化硫属于《中华人民共和国环境保护税法》所附《环境保护税税目税额表》《应税污染物和当量值表》规定的大气污染物[①]。

**提问**：林老师，A 公司向大气直接排放二氧化硫，其环境保护税应由谁缴纳？

#### 林老师解答

A 公司应按规定申报缴纳环境保护税。

**政策依据**

**中华人民共和国环境保护税法**

2018 年 10 月 26 日　中华人民共和国主席令第十六号修正

**第二条**　在中华人民共和国领域和中华人民共和国管辖的其他海域，直接向环境排放应税污染物的企业事业单位和其他生产经营者为环

---

[①] 除另有说明，本章各集案例所列举的污染物均属于《中华人民共和国环境保护税法》所附《环境保护税税目税额表》《应税污染物和当量值表》规定的应税污染物。

## 第十一章 环境保护税

境保护税的纳税人,应当依照本法规定缴纳环境保护税。

第三条 本法所称应税污染物,是指本法所附《环境保护税税目税额表》、《应税污染物和当量值表》规定的大气污染物、水污染物、固体废物和噪声。

……

第二十八条 本法自2018年1月1日起施行。

### 划重点 消痛点

本案例中,假定A公司于2022年6月向依法设立的污水集中处理、生活垃圾集中处理场所排放应税污染物,或者在符合国家和地方环境保护标准的设施、场所贮存或者处置固体废物,则根据《中华人民共和国环境保护税法》第四条的规定,该公司这些行为不属于直接向环境排放污染物,不缴纳相应污染物的环境保护税。

### 第148集

**依法设立的城乡污水集中处理场所超过国家和地方规定的排放标准向环境排放应税污染物,需要缴纳环境保护税吗?**

B工厂是一家城市污水处理厂,属于依法设立的为社会公众提供生活污水处理服务的集中处理场所,其于2022年5月超过国家和地方规定的排放标准向环境排放应税污染物。

提问:林老师,B工厂超过国家和地方规定的排放标准向环境排放应税污染物,需要缴纳环境保护税吗?

扫码看视频

### 林老师解答

需要。

**政策依据**

#### 中华人民共和国环境保护税法

2018年10月26日 中华人民共和国主席令第十六号修正

第五条 依法设立的城乡污水集中处理、生活垃圾集中处理场所超过国家和地方规定的排放标准向环境排放应税污染物的，应当缴纳环境保护税。

#### 中华人民共和国环境保护税法实施条例

2017年12月25日 中华人民共和国国务院令第693号

第三条 环境保护税法第五条第一款、第十二条第一款第三项规定的城乡污水集中处理场所，是指为社会公众提供生活污水处理服务的场所，不包括为工业园区、开发区等工业聚集区域内的企业事业单位和其他生产经营者提供污水处理服务的场所，以及企业事业单位和其他生产经营者自建自用的污水处理场所。

……

第二十六条 本条例自2018年1月1日起施行。

# 第十一章　环境保护税

## 第 149 集
### 企业处置固体废物不符合国家和地方环境保护标准，需要缴纳环境保护税吗？

C 公司于 2022 年 5 月处置煤矸石，不符合国家和地方环境保护标准。

该煤矸石属于应税固体废物。

**提问**：林老师，C 公司处置煤矸石不符合国家和地方环境保护标准，需要缴纳环境保护税吗？

### 林老师解答

需要。

**政策依据**

**中华人民共和国环境保护税法**

2018 年 10 月 26 日　中华人民共和国主席令第十六号修正

第五条　……

企业事业单位和其他生产经营者贮存或者处置固体废物不符合国家和地方环境保护标准的，应当缴纳环境保护税。

297

## 第 150 集 达到省级人民政府确定的规模标准并且有污染物排放口的畜禽养殖场，需要缴纳环境保护税吗？

D 公司是一家畜禽养殖场，已达到省级人民政府确定的规模标准并且有污染物排放口，其于 2022 年 5 月向环境直接排放应税污染物。

**提问**：林老师，D 公司向环境直接排放应税污染物，需要缴纳环境保护税吗？

### 林老师解答

需要。

**政策依据**

**中华人民共和国环境保护税法实施条例**

2017 年 12 月 25 日　中华人民共和国国务院令第 693 号

第四条　达到省级人民政府确定的规模标准并且有污染物排放口的畜禽养殖场，应当依法缴纳环境保护税；……

### 划重点　消痛点

本案例中，假定 D 公司依法对畜禽养殖废弃物进行综合利用和无害化处理，则根据《中华人民共和国环境保护税法实施条例》第四条的规定，该公司进行的上述综合利用和无害化处理，不属于直接向环境排放污染物，不缴纳环境保护税。

## 第二节　环境保护税的计税依据和税额计算

**第 151 集**

**排放应税大气污染物，其环境保护税的计税依据应如何确定？**

E 公司是一家化工企业，设有一个污染物排放口，该排放口于 2022 年 5 月向大气直接排放氮氧化物 5 千克，该氮氧化物属于应税大气污染物；除此以外，E 公司在 2022 年 5 月未向大气直接排放其他应税大气污染物。

根据《应税污染物和当量值表》，氮氧化物的大气污染物当量值为 0.95。

**提问：** 林老师，E 公司 2022 年 5 月向大气直接排放氮氧化物，其环境保护税的计税依据应如何确定？

**林老师解答**

E 公司环境保护税的计税依据计算如下：

计税依据 = 污染物的排放量 ÷ 污染物的污染当量值
　　　　= 5 ÷ 0.95
　　　　= 5.26

> **政策依据**

## 中华人民共和国环境保护税法

2018年10月26日 中华人民共和国主席令第十六号修正

第七条 应税污染物的计税依据，按照下列方法确定：

（一）应税大气污染物按照污染物排放量折合的污染当量数确定；

……

第八条 应税大气污染物……的污染当量数，以该污染物的排放量除以该污染物的污染当量值计算。每种应税大气污染物……的具体污染当量值，依照本法所附《应税污染物和当量值表》执行。

……

第二十五条 本法下列用语的含义：

（一）污染当量，是指根据污染物或者污染排放活动对环境的有害程度以及处理的技术经济性，衡量不同污染物对环境污染的综合性指标或者计量单位。……

**划重点 消痛点**

根据《中华人民共和国环境保护税法》第二十五条第（一）款的规定，同一介质相同污染当量的不同污染物，其污染程度基本相当。

## 第十一章 环境保护税

### 第 152 集
**排放应税大气污染物，其环境保护税的应纳税额应如何计算？**

扫码看视频

承第 151 集案例。

**提问**：林老师，假定氮氧化物适用的每污染当量税额为 1.2 元，则 E 公司 2022 年 5 月向大气直接排放氮氧化物，其环境保护税的应纳税额应如何计算？

### 林老师解答

E 公司环境保护税的应纳税额计算如下：

应纳税额 = 污染当量数 × 具体适用税额
　　　　= 5.26 × 1.2
　　　　= 6.31（元）

### TAX 政策依据

**中华人民共和国环境保护税法**

2018 年 10 月 26 日　中华人民共和国主席令第十六号修正

第十一条　环境保护税应纳税额按照下列方法计算：

（一）应税大气污染物的应纳税额为污染当量数乘以具体适用税额；

### 划重点　消痛点

本案例中，假定 E 公司的污染物排放口于 2022 年 6 月向大气直接排放四项应税大气污染物,则根据《中华人民共和国环境保护税法》第九条第一款的规定,应按照污染当量数从大到小排序,对该公司当月排放的前三项应税大气污染物征收环境保护税。

## 第 153 集

### 排放应税水污染物,其环境保护税的计税依据应如何确定?

F 公司是一家重金属企业,设有一个污染物排放口,该排放口于 2022 年 5 月向水体直接排放总银 1 千克,该总银属于应税第一类水污染物;除此以外,F 公司 2022 年 5 月未向水体直接排放其他应税水污染物。

根据《应税污染物和当量值表》,总银的污染当量值为 0.02。

**提问**:林老师,F 公司 2022 年 5 月向水体直接排放总银,其环境保护税的计税依据应如何确定?

### 林老师解答

F 公司环境保护税的计税依据计算如下:

计税依据 = 污染物的排放量 ÷ 污染物的污染当量值
         = 1 ÷ 0.02
         = 50

# 第十一章 环境保护税

> **TAX 政策依据**
>
> **中华人民共和国环境保护税法**
>
> 2018年10月26日　中华人民共和国主席令第十六号修正
>
> 第七条　应税污染物的计税依据，按照下列方法确定：
>
> ……
>
> （二）应税水污染物按照污染物排放量折合的污染当量数确定；
>
> ……
>
> 第八条　应税……水污染物的污染当量数，以该污染物的排放量除以该污染物的污染当量值计算。每种应税……水污染物的具体污染当量值，依照本法所附《应税污染物和当量值表》执行。

## 知识链接

### 1. 色度的污染当量数应如何计算？

根据《财政部　税务总局　生态环境部关于环境保护税有关问题的通知》（财税〔2018〕23号）第二条的规定，色度的污染当量数，以污水排放量乘以色度超标倍数再除以适用的污染当量值计算。

### 2. 畜禽养殖业水污染物的污染当量数应如何计算？

根据财税〔2018〕23号文件第二条的规定，畜禽养殖业水污染物的污染当量数，以该畜禽养殖场的月均存栏量除以适用的污染当量值计算。畜禽养殖场的月均存栏量按照月初存栏量和月末存栏量的平均数计算。

## 3. 以当期应税大气污染物、水污染物的产生量作为污染物的排放量的情形包括哪些？

根据《中华人民共和国环境保护税法实施条例》第七条第二款的规定，纳税人有下列情形之一的，以其当期应税大气污染物、水污染物的产生量作为污染物的排放量：

1. 未依法安装使用污染物自动监测设备或者未将污染物自动监测设备与环境保护主管部门的监控设备联网；
2. 损毁或者擅自移动、改变污染物自动监测设备；
3. 篡改、伪造污染物监测数据；
4. 通过暗管、渗井、渗坑、灌注或者稀释排放以及不正常运行防治污染设施等方式违法排放应税污染物；
5. 进行虚假纳税申报。

### 第 154 集

**排放应税水污染物，其环境保护税的应纳税额应如何计算？**

承第 153 集案例。

**提问**：林老师，假定总银适用的每污染当量税额为 1.4 元，则 F 公司 2022 年 5 月向水体直接排放总银，其环境保护税的应纳税额应如何计算？

第十一章 环境保护税

### 林老师解答

F 公司环境保护税的应纳税额计算如下：

应纳税额 = 污染当量数 × 具体适用税额
　　　　 = 50 × 1.4
　　　　 = 70（元）

### TAX 政策依据

**中华人民共和国环境保护税法**

2018 年 10 月 26 日　中华人民共和国主席令第十六号修正

第十一条　环境保护税应纳税额按照下列方法计算：

……

（二）应税水污染物的应纳税额为污染当量数乘以具体适用税额；

……

### 划重点　消痛点

本案例中，假定 F 公司的污染物排放口于 2022 年 6 月向水体直接排放六项第一类水污染物，则根据《中华人民共和国环境保护税法》第九条第二款的规定，应按照污染当量数从大到小排序，对该公司当月排放的前五项第一类水污染物征收环境保护税。

笔者再假定，F 公司的污染物排放口于 2022 年 7 月向水体直接排放六项其他类水污染物，则根据《中华人民共和国环境保护税法》第九条第二款的规定，应按照污染当量数从大到小排序，对该公司当月排放的前三项其他类水污染物征收环境保护税。

溪发说税之财产行为税篇

### 知识链接

**1. 从两个以上排放口排放应税污染物，应如何计算征收环境保护税？**

根据《中华人民共和国环境保护税法实施条例》第八条的规定，纳税人从两个以上排放口排放应税污染物，对每一排放口排放的应税污染物应分别计算征收环境保护税。

**2. 纳税人持有排污许可证，其污染物排放口应如何确定？**

根据《中华人民共和国环境保护税法实施条例》第八条的规定，纳税人持有排污许可证的，其污染物排放口应按照排污许可证载明的污染物排放口确定。

## 第155集

### 排放应税固体废物，其环境保护税的计税依据应如何确定？

G公司于2022年5月产生粉煤灰25吨，其中，在符合国家和地方环境保护标准的设施贮存粉煤灰5吨，按照国务院发展改革、工业和信息化主管部门关于资源综合利用要求以及国家和地方环境保护标准进行综合利用粉煤灰15吨。

扫码看视频

## 第十一章 环境保护税

该粉煤灰属于应税固体废物；除此以外，G 公司 2022 年 5 月未直接向环境排放其他应税固体废物。

**提问：** 林老师，G 公司 2022 年 5 月直接向环境排放粉煤灰，其环境保护税的计税依据应如何确定？

### 林老师解答

G 公司环境保护税的计税依据计算如下：

计税依据 = 当期应税固体废物的产生量 − 当期应税固体废物的贮存量、处置量、综合利用量

= 25 −（5 + 15）

= 5（吨）

**TAX 政策依据**

#### 中华人民共和国环境保护税法

2018 年 10 月 26 日　中华人民共和国主席令第十六号修正

第七条　应税污染物的计税依据，按照下列方法确定：

……

（三）应税固体废物按照固体废物的排放量确定；

……

#### 中华人民共和国环境保护税法实施条例

2017 年 12 月 25 日　中华人民共和国国务院令第 693 号

第五条　应税固体废物的计税依据，按照固体废物的排放量确定。固体废物的排放量为当期应税固体废物的产生量减去当期应税固体废物的贮存量、处置量、综合利用量的余额。

前款规定的固体废物的贮存量、处置量，是指在符合国家和地方

环境保护标准的设施、场所贮存或者处置的固体废物数量；固体废物的综合利用量，是指按照国务院发展改革、工业和信息化主管部门关于资源综合利用要求以及国家和地方环境保护标准进行综合利用的固体废物数量。

## 知识链接

### 以当期应税固体废物的产生量作为固体废物的排放量的情形包括哪些？

根据《中华人民共和国环境保护税法实施条例》第六条的规定，纳税人有下列情形之一的，以其当期应税固体废物的产生量作为固体废物的排放量：

1. 非法倾倒应税固体废物；
2. 进行虚假纳税申报。

## 第156集

### 排放应税固体废物，其环境保护税的应纳税额应如何确定？

承第155集案例。

**提问**：林老师，粉煤灰的适用税额为每吨25元，G公司2022年5月直接向环境排放粉煤灰，其环境保护税的应纳税额应如何计算？

第十一章 环境保护税

### 林老师解答

G 公司环境保护税的应纳税额计算如下：

应纳税额 = 固体废物排放量 × 具体适用税额
= 5 × 25
= 125（元）

### TAX 政策依据

**中华人民共和国环境保护税法**

2018 年 10 月 26 日　中华人民共和国主席令第十六号修正

**第十一条**　环境保护税应纳税额按照下列方法计算：

……

（三）应税固体废物的应纳税额为固体废物排放量乘以具体适用税额；

……

### 划重点　消痛点

本案例中，假定 G 公司未能准确计量应税固体废物的贮存量、处置量和综合利用量，则根据《财政部　税务总局　生态环境部关于环境保护税有关问题的通知》（财税〔2018〕23 号）第三条的规定，该公司不得从其应税固体废物的产生量中减去应税固体废物的贮存量、处置量和综合利用量。

笔者再假定，G 公司于 2022 年 6 月依法将应税固体废物转移至其他单位和个人进行贮存、处置或者综合利用，则根据财税〔2018〕23 号文件第三条的规定，该公司固体废物的转移量相应计入其当期应税固体废物的贮存量、处置量或者综合利用量。

## 知识链接

### 纳税人接收的应税固体废物转移量，需计入其当期应税固体废物的产生量吗？

根据财税〔2018〕23号文件第三条的规定，纳税人接收的应税固体废物转移量，不计入其当期应税固体废物的产生量。

## 第 157 集

### 工业噪声超标，其环境保护税的计税依据应如何确定？

2022年5月，H公司的一个作业场所存在工业噪声超标，该作业场所一个单位边界上有一处噪声超标4~6分贝，超标天数为20天。

该工业噪声属于应税噪声；除此以外，H公司在2022年5月未存在其他噪声超标。

**提问：** 林老师，2022年5月H公司工业噪声超标，其环境保护税的计税依据应如何确定？

### 林老师解答

H公司环境保护税的计税依据按照超过国家规定标准的分贝数即4~6分贝确定。

# 第十一章　环境保护税

> **TAX 政策依据**
>
> **中华人民共和国环境保护税法**
>
> 2018年10月26日　中华人民共和国主席令第十六号修正
>
> 第七条　应税污染物的计税依据，按照下列方法确定：
>
> ……
>
> （四）应税噪声按照超过国家规定标准的分贝数确定。

## 知识链接

### 应税污染物的排放量或分贝数应如何确定？

根据《中华人民共和国环境保护税法》第十条的规定，应税大气污染物、水污染物、固体废物的排放量和噪声的分贝数，按照下列方法和顺序计算：

1. 纳税人安装使用符合国家规定和监测规范的污染物自动监测设备的，按照污染物自动监测数据计算；

2. 纳税人未安装使用污染物自动监测设备的，按照监测机构出具的符合国家有关规定和监测规范的监测数据计算；

3. 因排放污染物种类多等原因不具备监测条件的，按照国务院生态环境主管部门规定的排污系数、物料衡算方法计算；

4. 不能按照该条第1项至第3项规定的方法计算的，按照省、自治区、直辖市人民政府生态环境主管部门规定的抽样测算的方法核定计算。

### 第 158 集

**工业噪声超标，其环境保护税的应纳税额应如何确定？**

承第 157 集案例。

**提问**：林老师，根据《环境保护税税目税额表》可知，噪声超标 4～6 分贝对应的具体适用税额为每月 700 元，则 2022 年 5 月 H 公司工业噪声超标，其环境保护税的应纳税额应如何计算？

### 林老师解答

H 公司环境保护税的应纳税额为噪声超标 4～6 分贝对应的具体适用税额 700 元。

**政策依据**

**中华人民共和国环境保护税法**

2018 年 10 月 26 日　中华人民共和国主席令第十六号修正

第十一条　环境保护税应纳税额按照下列方法计算：

……

（四）应税噪声的应纳税额为超过国家规定标准的分贝数对应的具体适用税额。

# 第十一章　环境保护税

> **划重点　消痛点**

根据《财政部　税务总局　生态环境部关于环境保护税有关问题的通知》（财税〔2018〕23号）第四条的规定，若本案例中H公司的噪声超标分贝数不是整数值，则按四舍五入取整数；若该公司的同一监测点当月有多个监测数据超标，则以最高一次超标声级计算应纳税额；若该公司的声源一个月内累计昼间超标不足15昼或者累计夜间超标不足15夜，则分别减半计算应纳税额。

## 第三节　环境保护税税收优惠

**第 159 集**

**农业生产排放应税污染物，可以免征环境保护税吗？**

I 公司是一家农业生产企业，其于 2022 年 5 月因农业生产直接向环境排放应税污染物，该农业生产不属于规模化养殖。

**提问：** 林老师，I 公司因农业生产直接向环境排放应税污染物，可以免征环境保护税吗？

**林老师解答**

可以。

**政策依据**

**中华人民共和国环境保护税法**

2018 年 10 月 26 日　中华人民共和国主席令第十六号修正

第十二条　下列情形，暂予免征环境保护税：
（一）农业生产（不包括规模化养殖）排放应税污染物的；
……

第十一章 环境保护税

## 第 160 集

### 生活垃圾焚烧发电厂排放应税污染物不超过国家和地方规定的排放标准，可以免征环境保护税吗？

扫码看视频

J公司是一家依法设立的生活垃圾焚烧发电厂，共有三个污染物排放口，2022年5月这三个排放口排放相应应税污染物均不超过国家和地方规定的排放标准。

**提问：** 林老师，J公司排放应税污染物不超过国家和地方规定的排放标准，可以免征环境保护税吗？

### 林老师解答

可以。

**TAX 政策依据**

#### 中华人民共和国环境保护税法

2018年10月26日　中华人民共和国主席令第十六号修正

**第十二条**　下列情形，暂予免征环境保护税：

……

（三）依法设立的城乡污水集中处理、生活垃圾集中处理场所排放相应应税污染物，不超过国家和地方规定的排放标准的；

……

315

溪发说税之财产行为税篇

> **财政部　税务总局　生态环境部**
> **关于明确环境保护税应税污染物适用等有关问题的通知**
>
> 2018年10月25日　财税〔2018〕117号
>
> 二、关于税收减免适用问题
> 依法设立的生活垃圾焚烧发电厂、生活垃圾填埋场、生活垃圾堆肥厂，属于生活垃圾集中处理场所，其排放应税污染物不超过国家和地方规定的排放标准的，依法予以免征环境保护税。……

### 划重点　消痛点

本案例中，假定J公司有一个排放口排放应税大气污染物的浓度值超过国家和地方规定的污染物排放标准，则根据财税〔2018〕117号文件第二条的规定，对该公司不予减征环境保护税。

## 第161集
### 综合利用固体废物符合国家和地方环境保护标准，可以免征环境保护税吗？

K公司于2022年5月综合利用炉渣，符合国家和地方环境保护标准。

该炉渣属于应税固体废物。

提问：林老师，K公司综合利用炉渣，可以免征环境保护税吗？

# 第十一章 环境保护税

### 林老师解答

可以。

**TAX 政策依据**

**中华人民共和国环境保护税法**

2018 年 10 月 26 日 中华人民共和国主席令第十六号修正

第十二条 下列情形，暂予免征环境保护税：

……

（四）纳税人综合利用的固体废物，符合国家和地方环境保护标准的；

……

### 划重点 消痛点

《中华人民共和国环境保护税法》第十二条规定的暂予免征环境保护税的情形，除第 159 集、第 160 集案例和本集案例例举的情形外，还包括以下情形：

1. 机动车、铁路机车、非道路移动机械、船舶和航空器等流动污染源排放应税污染物的；

2. 国务院批准免税的其他情形（本项免税规定，由国务院报全国人民代表大会常务委员会备案）。

### 第 162 集
### 排放应税大气污染物的浓度值低于国家和地方规定的污染物排放标准 30%，可以减征环境保护税吗？

L 公司是一家化工企业，设有一个污染物排放口，该排放口于 2022 年 5 月向大气直接排放硫酸雾，浓度值低于国家和地方规定的污染物排放标准 30%。

该硫酸雾属于应税大气污染物；除此以外，L 公司 2022 年 5 月未向大气直接排放其他应税大气污染物。

**提问**：林老师，L 公司排放硫酸雾的浓度值低于国家和地方规定的污染物排放标准 30%，可以减按 75% 征收环境保护税吗？

### 林老师解答

可以。

**政策依据**

**中华人民共和国环境保护税法**

2018 年 10 月 26 日 中华人民共和国主席令第十六号修正

第十三条 纳税人排放应税大气污染物或者水污染物的浓度值低于国家和地方规定的污染物排放标准百分之三十的，减按百分之七十五征收环境保护税。……

# 第十一章 环境保护税

## 中华人民共和国环境保护税法实施条例

2017年12月25日　中华人民共和国国务院令第693号

**第十条**　环境保护税法第十三条所称应税大气污染物或者水污染物的浓度值，是指纳税人安装使用的污染物自动监测设备当月自动监测的应税大气污染物浓度值的小时平均值再平均所得数值或者应税水污染物浓度值的日平均值再平均所得数值，或者监测机构当月监测的应税大气污染物、水污染物浓度值的平均值。

依照环境保护税法第十三条的规定减征环境保护税的，前款规定的应税大气污染物浓度值的小时平均值或者应税水污染物浓度值的日平均值，以及监测机构当月每次监测的应税大气污染物、水污染物的浓度值，均不得超过国家和地方规定的污染物排放标准。

**第十一条**　依照环境保护税法第十三条的规定减征环境保护税的，应当对每一排放口排放的不同应税污染物分别计算。

### 划重点　消痛点

本案例中，假定 L 公司排放硫酸雾的浓度值低于国家和地方规定的污染物排放标准 50%，则根据《中华人民共和国环境保护税法》第十三条的规定，对该公司减按 50% 征收环境保护税。

## 第四节　环境保护税征收管理

**第 163 集**

排放应税水污染物，
其环境保护税的纳税义务发生时间应如何确定？

M 公司于 2022 年 5 月向水体直接排放水污染物，该水污染物属于应税第二类水污染物。

提问：林老师，M 公司向水体直接排放应税水污染物，其环境保护税的纳税义务发生时间应如何确定？

### 林老师解答

M 公司环境保护税的纳税义务发生时间为其排放应税污染物的当日。

**政策依据**

**中华人民共和国环境保护税法**

2018 年 10 月 26 日　中华人民共和国主席令第十六号修正

第十六条　纳税义务发生时间为纳税人排放应税污染物的当日。

## 第十一章 环境保护税

### 第 164 集

**排放应税水污染物，其环境保护税的纳税地点应如何确定？**

承第 163 集案例。

**提问**：林老师，M 公司向水体直接排放应税水污染物，水污染物排放口所在地为甲县，其环境保护税的纳税地点应如何确定？

**林老师解答**

M 公司环境保护税的纳税地点为应税水污染物排放口所在地即甲县。

**政策依据**

#### 中华人民共和国环境保护税法

2018 年 10 月 26 日　中华人民共和国主席令第十六号修正

第十七条　纳税人应当向应税污染物排放地的税务机关申报缴纳环境保护税。

#### 中华人民共和国环境保护税法实施条例

2017 年 12 月 25 日　中华人民共和国国务院令第 693 号

第十七条　环境保护税法第十七条所称应税污染物排放地是指：

（一）应税……水污染物排放口所在地；

……

溪发说税之财产行为税篇

> **划重点　消痛点**

根据《中华人民共和国环境保护税法实施条例》第十七条的规定，本案例中，假定 M 公司向大气直接排放应税大气污染物，则其环境保护税的纳税地点为应税大气污染物排放口所在地；假定该公司向环境直接排放应税固体废物，则其环境保护税的纳税地点为应税固体废物产生地；假定该公司的一个作业场所存在工业噪声超标，则其环境保护税的纳税地点为应税噪声产生地。

> **知识链接**

### 纳税人跨区域排放应税污染物，税务机关对税收征收管辖出现争议应如何处理？

根据《中华人民共和国环境保护税法实施条例》第十八条的规定，纳税人跨区域排放应税污染物，税务机关对税收征收管辖有争议的，由争议各方按照有利于征收管理的原则协商解决；不能协商一致的，报请共同的上级税务机关决定。

## 第 165 集

### 排放应税水污染物，其环境保护税的纳税申报期应如何确定？

承第 163 集案例。

**提问**：林老师，M 公司向水体直接排放应税水污染物，其环境保护税的纳税申报期应如何确定？

## 第十一章 环境保护税

### 林老师解答

M公司环境保护税按月计算，按季申报缴纳。

**TAX 政策依据**

**中华人民共和国环境保护税法**

2018年10月26日 中华人民共和国主席令第十六号修正

第十八条 环境保护税按月计算，按季申报缴纳。……

### 划重点 消痛点

本案例中，假定M公司不能按固定期限计算缴纳环境保护税，则根据《中华人民共和国环境保护税法》第十八条第一款的规定，该公司可以按次申报缴纳环境保护税。

### 知识链接

#### 环境保护税应于何时申报缴纳？

根据《中华人民共和国环境保护税法》第十九条第一款的规定，若纳税人按季申报缴纳环境保护税，应当自季度终了之日起15日内，向税务机关办理纳税申报并缴纳税款；若纳税人按次申报缴纳环境保护税，应当自纳税义务发生之日起15日内，向税务机关办理纳税申报并缴纳税款。

## 第 166 集

### 排放应税生活垃圾，其环境保护税的税额标准应如何确定？

N 公司在中华人民共和国领海从事天然气勘探开发生产作业活动，其于 2022 年 5 月直接向海洋环境排放应税生活垃圾。

**提问**：林老师，N 公司向海洋环境排放应税生活垃圾，其环境保护税的税额标准应如何确定？

### 林老师解答

N 公司环境保护税的税额标准应按照环境保护税法"其他固体废物"税额标准执行。

**政策依据**

**国家税务总局　国家海洋局**
**关于发布《海洋工程环境保护税申报征收办法》的公告**
2017 年 12 月 27 日　国家税务总局公告 2017 年第 50 号

第二条　本办法适用于在中华人民共和国内水、领海、毗连区、专属经济区、大陆架以及中华人民共和国管辖的其他海域内从事海洋石油、天然气勘探开发生产等作业活动，并向海洋环境排放应税污染物的企业事业单位和其他生产经营者（以下简称纳税人）。

……

第四条　……

生活垃圾按照环境保护税法"其他固体废物"税额标准执行。

……

第十五条　本办法自 2018 年 1 月 1 日起施行。……

第十一章 环境保护税

## 第 167 集
### 燃烧产生废气中的颗粒物，应按照哪类应税污染物征收环境保护税？

2022 年 5 月，P 公司在生产经营过程中，燃烧产生了废气中的颗粒物。

**提问：** 林老师，P 公司燃烧产生废气中的颗粒物，应按照哪类应税污染物征收环境保护税？

### 林老师解答

P 公司燃烧产生废气中的颗粒物，应按照烟尘征收环境保护税。

**政策依据**

财政部　税务总局　生态环境部
关于明确环境保护税应税污染物适用等有关问题的通知
2018 年 10 月 25 日　财税〔2018〕117 号

一、关于应税污染物适用问题
燃烧产生废气中的颗粒物，按照烟尘征收环境保护税。……

溪发说税之财产行为税篇

### 第 168 集

**排放的扬尘，应按照哪类应税污染物征收环境保护税？**

2022年5月，Q公司在生产经营过程中向大气直接排放扬尘。

提问：林老师，Q公司排放的扬尘，不属于烟尘、石棉尘、玻璃棉尘、炭黑尘，则其应按照哪类应税污染物征收环境保护税？

### 林老师解答

Q公司排放的扬尘，应按照一般性粉尘征收环境保护税。

**TAX 政策依据**

财政部　税务总局　生态环境部
关于明确环境保护税应税污染物适用等有关问题的通知

2018年10月25日　财税〔2018〕117号

一、关于应税污染物适用问题

……排放的扬尘、工业粉尘等颗粒物，除可以确定为烟尘、石棉尘、玻璃棉尘、炭黑尘的外，按照一般性粉尘征收环境保护税。

## 第十一章 环境保护税

### 知识链接

#### 1. 环境保护税税目税额表

根据《中华人民共和国环境保护税法》，环境保护税税目税额如表11-1所示。

表11-1　　　　　　　环境保护税税目税额

| 税目 | | 计税单位 | 税额 | 备注 |
|---|---|---|---|---|
| 大气污染物 | | 每污染当量 | 1.2～12元 | |
| 水污染物 | | 每污染当量 | 1.4～14元 | |
| 固体废物 | 煤矸石 | 每吨 | 5元 | |
| | 尾矿 | 每吨 | 15元 | |
| | 危险废物 | 每吨 | 1000元 | |
| | 冶炼渣、粉煤灰、炉渣、其他固体废物（含半固态、液态废物） | 每吨 | 25元 | |
| 噪声 | 工业噪声 | 超标1～3分贝 | 每月350元 | 1.一个单位边界上有多处噪声超标，根据最高一处超标声级计算应纳税额；当沿边界长度超过100米有两处以上噪声超标，按照两个单位计算应纳税额。<br>2.一个单位有不同地点作业场所的，应当分别计算应纳税额，合并计征。<br>3.昼、夜均超标的环境噪声，昼、夜分别计算应纳税额，累计计征。<br>4.声源一个月内超标不足15天的，减半计算应纳税额。<br>5.夜间频繁突发和夜间偶然突发厂界超标噪声，按等效声级和峰值噪声两种指标中超标分贝值高的一项计算应纳税额。 |
| | | 超标4～6分贝 | 每月700元 | |
| | | 超标7～9分贝 | 每月1400元 | |
| | | 超标10～12分贝 | 每月2800元 | |
| | | 超标13～15分贝 | 每月5600元 | |
| | | 超标16分贝以上 | 每月11200元 | |

327

## 2. 应税污染物和当量值表

根据《中华人民共和国环境保护税法》，应税污染物和当量值如表 11-2 至表 11-6 所示。

表 11-2　　　　　　　　第一类水污染物污染当量值

| 污染物 | 污染当量值（千克） |
| --- | --- |
| 1. 总汞 | 0.0005 |
| 2. 总镉 | 0.005 |
| 3. 总铬 | 0.04 |
| 4. 六价铬 | 0.02 |
| 5. 总砷 | 0.02 |
| 6. 总铅 | 0.025 |
| 7. 总镍 | 0.025 |
| 8. 苯并（a）芘 | 0.0000003 |
| 9. 总铍 | 0.01 |
| 10. 总银 | 0.02 |

表 11-3　　　　　　　　第二类水污染物污染当量值

| 污染物 | 污染当量值（千克） | 备注 |
| --- | --- | --- |
| 11. 悬浮物（SS） | 4 | |
| 12. 生化需氧量（$BOD_5$） | 0.5 | 同一排放口中的化学需氧量、生化需氧量和总有机碳，只征收一项。 |
| 13. 化学需氧量（CODcr） | 1 | |
| 14. 总有机碳（TOC） | 0.49 | |

续表

| 污染物 | 污染当量值（千克） | 备注 |
|---|---|---|
| 15. 石油类 | 0.1 | |
| 16. 动植物油 | 0.16 | |
| 17. 挥发酚 | 0.08 | |
| 18. 总氰化物 | 0.05 | |
| 19. 硫化物 | 0.125 | |
| 20. 氨氮 | 0.8 | |
| 21. 氟化物 | 0.5 | |
| 22. 甲醛 | 0.125 | |
| 23. 苯胺类 | 0.2 | |
| 24. 硝基苯类 | 0.2 | |
| 25. 阴离子表面活性剂（LAS） | 0.2 | |
| 26. 总铜 | 0.1 | |
| 27. 总锌 | 0.2 | |
| 28. 总锰 | 0.2 | |
| 29. 彩色显影剂（CD-2） | 0.2 | |
| 30. 总磷 | 0.25 | |
| 31. 单质磷（以P计） | 0.05 | |
| 32. 有机磷农药（以P计） | 0.05 | |
| 33. 乐果 | 0.05 | |
| 34. 甲基对硫磷 | 0.05 | |
| 35. 马拉硫磷 | 0.05 | |
| 36. 对硫磷 | 0.05 | |
| 37. 五氯酚及五氯酚钠（以五氯酚计） | 0.25 | |

续表

| 污染物 | 污染当量值（千克） | 备注 |
| --- | --- | --- |
| 38. 三氯甲烷 | 0.04 | |
| 39. 可吸附有机卤化物（AOX）（以 Cl 计） | 0.25 | |
| 40. 四氯化碳 | 0.04 | |
| 41. 三氯乙烯 | 0.04 | |
| 42. 四氯乙烯 | 0.04 | |
| 43. 苯 | 0.02 | |
| 44. 甲苯 | 0.02 | |
| 45. 乙苯 | 0.02 | |
| 46. 邻－二甲苯 | 0.02 | |
| 47. 对－二甲苯 | 0.02 | |
| 48. 间－二甲苯 | 0.02 | |
| 49. 氯苯 | 0.02 | |
| 50. 邻二氯苯 | 0.02 | |
| 51. 对二氯苯 | 0.02 | |
| 52. 对硝基氯苯 | 0.02 | |
| 53. 2,4-二硝基氯苯 | 0.02 | |
| 54. 苯酚 | 0.02 | |
| 55. 间－甲酚 | 0.02 | |
| 56. 2,4-二氯酚 | 0.02 | |
| 57. 2,4,6-三氯酚 | 0.02 | |
| 58. 邻苯二甲酸二丁酯 | 0.02 | |
| 59. 邻苯二甲酸二辛酯 | 0.02 | |
| 60. 丙烯腈 | 0.125 | |
| 61. 总硒 | 0.02 | |

表11-4　pH值、色度、大肠菌群数、余氯量水污染物污染当量值

| 污染物 | | 污染当量值 | 备注 |
|---|---|---|---|
| 1. pH值 | 1.0 ~ 1，13 ~ 14<br>2.1 ~ 2，12 ~ 13<br>3.2 ~ 3，11 ~ 12<br>4.3 ~ 4，10 ~ 11<br>5.4 ~ 5，9 ~ 10<br>6.5 ~ 6 | 0.06 吨污水<br>0.125 吨污水<br>0.25 吨污水<br>0.5 吨污水<br>1 吨污水<br>5 吨污水 | pH值5 ~ 6指大于等于5，小于6；pH值9 ~ 10指大于9，小于等于10，其余类推。 |
| 2. 色度 | | 5 吨水·倍 | |
| 3. 大肠菌群数（超标） | | 3.3 吨污水 | 大肠菌群数和余氯量只征收一项。 |
| 4. 余氯量（用氯消毒的医院废水） | | 3.3 吨污水 | |

表11-5　禽畜养殖业、小型企业和第三产业水污染物污染当量值

（本表仅适用于计算无法进行实际监测或者物料衡算的禽畜养殖业、小型企业和第三产业等小型排污者的水污染物污染当量数）

| 类型 | | 污染当量值 | 备注 |
|---|---|---|---|
| 禽畜养殖场 | 1. 牛 | 0.1 头 | 仅对存栏规模大于50头牛、500头猪、5000羽鸡鸭等的禽畜养殖场征收。 |
| | 2. 猪 | 1 头 | |
| | 3. 鸡、鸭等家禽 | 30 羽 | |
| 4. 小型企业 | | 1.8 吨污水 | |
| 5. 饮食娱乐服务业 | | 0.5 吨污水 | |
| 6. 医院 | 消毒 | 0.14 床 | 医院病床数大于20张的按照本表计算污染当量数。 |
| | | 2.8 吨污水 | |
| | 不消毒 | 0.07 床 | |
| | | 1.4 吨污水 | |

表 11-6　　　　　　　　大气污染物污染当量值

| 污染物 | 污染当量值（千克） |
| --- | --- |
| 1. 二氧化硫 | 0.95 |
| 2. 氮氧化物 | 0.95 |
| 3. 一氧化碳 | 16.7 |
| 4. 氯气 | 0.34 |
| 5. 氯化氢 | 10.75 |
| 6. 氟化物 | 0.87 |
| 7. 氰化氢 | 0.005 |
| 8. 硫酸雾 | 0.6 |
| 9. 铬酸雾 | 0.0007 |
| 10. 汞及其化合物 | 0.0001 |
| 11. 一般性粉尘 | 4 |
| 12. 石棉尘 | 0.53 |
| 13. 玻璃棉尘 | 2.13 |
| 14. 碳黑尘 | 0.59 |
| 15. 铅及其化合物 | 0.02 |
| 16. 镉及其化合物 | 0.03 |
| 17. 铍及其化合物 | 0.0004 |
| 18. 镍及其化合物 | 0.13 |
| 19. 锡及其化合物 | 0.27 |
| 20. 烟尘 | 2.18 |
| 21. 苯 | 0.05 |
| 22. 甲苯 | 0.18 |
| 23. 二甲苯 | 0.27 |

续表

| 污染物 | 污染当量值（千克） |
| --- | --- |
| 24. 苯并（a）芘 | 0.000002 |
| 25. 甲醛 | 0.09 |
| 26. 乙醛 | 0.45 |
| 27. 丙烯醛 | 0.06 |
| 28. 甲醇 | 0.67 |
| 29. 酚类 | 0.35 |
| 30. 沥青烟 | 0.19 |
| 31. 苯胺类 | 0.21 |
| 32. 氯苯类 | 0.72 |
| 33. 硝基苯 | 0.17 |
| 34. 丙烯腈 | 0.22 |
| 35. 氯乙烯 | 0.55 |
| 36. 光气 | 0.04 |
| 37. 硫化氢 | 0.29 |
| 38. 氨 | 9.09 |
| 39. 三甲胺 | 0.32 |
| 40. 甲硫醇 | 0.04 |
| 41. 甲硫醚 | 0.28 |
| 42. 二甲二硫 | 0.28 |
| 43. 苯乙烯 | 25 |
| 44. 二硫化碳 | 20 |

# 第十二章 城市维护建设税

## 第一节 城市维护建设税的征税范围和税额计算

**第 169 集**

**增值税已申报缴纳，需要缴纳城市维护建设税吗？**

甲公司属于增值税一般纳税人，其于 2021 年 9 月在境内销售货物取得收入，已申报缴纳增值税 6 万元。

**提问：** 林老师，甲公司在 2021 年 9 月需要申报缴纳城市维护建设税吗？

**林老师解答**

需要。

**政策依据**

**中华人民共和国城市维护建设税法**

2020 年 8 月 11 日　中华人民共和国主席令第五十一号

**第一条** 在中华人民共和国境内缴纳增值税、消费税的单位和个人，为城市维护建设税的纳税人，应当依照本法规定缴纳城市维护建设税。

**第二条** 城市维护建设税以纳税人依法实际缴纳的增值税、消费税税额为计税依据。

## 第十二章 城市维护建设税

……
第十一条 本法自 2021 年 9 月 1 日起施行。……

### 划重点 消痛点

本案例中，假定甲公司 2022 年 3 月多缴增值税 3 万元，其于 5 月申请退还多缴的增值税，则根据《国家税务总局关于城市维护建设税征收管理有关事项的公告》（国家税务总局公告 2021 年第 26 号）第六条第一款的规定，该公司可以同时申请退还已缴纳的城市维护建设税。

### 第 170 集

**增值税免抵税额需要计入城市维护建设税的计税依据吗？**

扫码看视频

A 公司是一家从事机械制造业务的企业，属于增值税一般纳税人，增值税采用一般计税方法。

**提问**：林老师，该公司 2021 年 9 月增值税免抵税额为 26 万元，其增值税免抵税额需要计入城市维护建设税的计税依据吗？

### 林老师解答

需要。

> **政策依据**

## 财政部　税务总局
## 关于城市维护建设税计税依据确定办法等事项的公告

2021年8月24日　财政部　税务总局公告2021年第28号

一、城市维护建设税以纳税人依法实际缴纳的增值税、消费税税额（以下简称两税税额）为计税依据。

依法实际缴纳的两税税额，是指纳税人依照增值税、消费税相关法律法规和税收政策规定计算的应当缴纳的两税税额（不含因进口货物或境外单位和个人向境内销售劳务、服务、无形资产缴纳的两税税额），加上增值税免抵税额，扣除直接减免的两税税额和期末留抵退税退还的增值税税额后的金额。

直接减免的两税税额，是指依照增值税、消费税相关法律法规和税收政策规定，直接减征或免征的两税税额，不包括实行先征后返、先征后退、即征即退办法退还的两税税额。

……

三、本公告自2021年9月1日起施行。

## 国家税务总局关于城市维护建设税征收管理
## 有关事项的公告

2021年8月31日　国家税务总局公告2021年第26号

一、城建税以纳税人依法实际缴纳的增值税、消费税（以下称两税）税额为计税依据。

依法实际缴纳的增值税税额，是指纳税人依照增值税相关法律法规和税收政策规定计算应当缴纳的增值税税额，加上增值税免抵税额，扣除直接减免的增值税税额和期末留抵退税退还的增值税税额（以下简称留抵退税额）后的金额。

……

第十二章 城市维护建设税

三、对增值税免抵税额征收的城建税，纳税人应在税务机关核准免抵税额的下一个纳税申报期内向主管税务机关申报缴纳。

……

八、本公告自 2021 年 9 月 1 日起施行。……

### 第 171 集

**城市维护建设税的计税依据可以扣除直接减免的增值税税额吗？**

扫码看视频

承第 170 集案例。

**提问**：林老师，该公司 2021 年 10 月直接减免的增值税为 52 万元，其城市维护建设税的计税依据可以扣除直接减免的增值税吗？

### 林老师解答

可以。

**TAX 政策依据**

**财政部　税务总局关于城市维护建设税计税依据确定办法等事项的公告**

2021 年 8 月 24 日　财政部　税务总局公告 2021 年第 28 号

一、城市维护建设税以纳税人依法实际缴纳的增值税、消费税税额（以下简称两税税额）为计税依据。

依法实际缴纳的两税税额，是指纳税人依照增值税、消费税相关法律法规和税收政策规定计算的应当缴纳的两税税额（不含因进口货物或

337

境外单位和个人向境内销售劳务、服务、无形资产缴纳的两税税额），加上增值税免抵税额，扣除直接减免的两税税额和期末留抵退税退还的增值税税额后的金额。

直接减免的两税税额，是指依照增值税、消费税相关法律法规和税收政策规定，直接减征或免征的两税税额，不包括实行先征后返、先征后退、即征即退办法退还的两税税额。

### 国家税务总局关于城市维护建设税征收管理有关事项的公告

2021年8月31日　国家税务总局公告2021年第26号

一、城建税以纳税人依法实际缴纳的增值税、消费税（以下称两税）税额为计税依据。

依法实际缴纳的增值税税额，是指纳税人依照增值税相关法律法规和税收政策规定计算应当缴纳的增值税税额，加上增值税免抵税额，扣除直接减免的增值税税额和期末留抵退税退还的增值税税额（以下简称留抵退税额）后的金额。

## 第172集

### 纳税人收到留抵退税额，可以从城市维护建设税的计税依据中扣除吗？

承第170集案例。

**提问**：林老师，该公司于2021年10月收到留抵退税额39万元，其收到的留抵退税额，可以从城市维护建设税的计税依据中扣除吗？

## 第十二章 城市维护建设税

**林老师解答**

可以。

**政策依据**

**中华人民共和国城市维护建设税法**

2020 年 8 月 11 日　中华人民共和国主席令第五十一号

第二条 ……

城市维护建设税的计税依据应当按照规定扣除期末留抵退税退还的增值税税额。

**国家税务总局关于城市维护建设税征收管理有关事项的公告**

2021 年 8 月 31 日　国家税务总局公告 2021 年第 26 号

一、城建税以纳税人依法实际缴纳的增值税、消费税（以下称两税）税额为计税依据。

……

纳税人自收到留抵退税额之日起，应当在下一个纳税申报期从城建税计税依据中扣除。

留抵退税额仅允许在按照增值税一般计税方法确定的城建税计税依据中扣除。当期未扣除完的余额，在以后纳税申报期按规定继续扣除。

溪发说税之财产行为税篇

### 知识链接

**小规模纳税人查补此前按照一般计税方法确定的城市维护建设税计税依据，可以扣除尚未扣除完的留抵退税额吗？**

根据国家税务总局公告2021年第26号第二条的规定，对增值税小规模纳税人查补此前按照一般计税方法确定的城市维护建设税计税依据，允许扣除尚未扣除完的留抵退税额。

## 第173集
### 纳税人进口原材料缴纳的增值税税额，需要计入城市维护建设税的计税依据吗？

承第170集案例。

**提问**：林老师，2021年10月该公司进口原材料缴纳增值税130万元，其进口原材料缴纳的增值税，需要计入城市维护建设税的计税依据吗？

### 林老师解答

不需要。

扫码看视频

340

# 第十二章 城市维护建设税

> **政策依据**
>
> **中华人民共和国城市维护建设税法**
>
> 2020年8月11日　中华人民共和国主席令第五十一号
>
> 第三条　对进口货物……缴纳的增值税、消费税税额，不征收城市维护建设税。
>
> **国家税务总局关于城市维护建设税征收管理有关事项的公告**
>
> 2021年8月31日　国家税务总局公告2021年第26号
>
> 一、城建税以纳税人依法实际缴纳的增值税、消费税（以下称两税）税额为计税依据。
>
> ……
>
> 应当缴纳的两税税额，不含因进口货物或境外单位和个人向境内销售劳务、服务、无形资产缴纳的两税税额。

## 第174集

### 城市维护建设税的应纳税额应如何计算？

B公司是一家食品生产企业，属于增值税一般纳税人，增值税采用一般计税方法。

B公司于2022年5月在境内销售食品取得收入，已申报缴纳增值税26万元。

**提问**：林老师，B公司城市维护建设税的适用税率为5%，其2022年5月城市维护建设税的应纳税额应如何计算？

341

### 林老师解答

B公司 2022 年 5 月应缴纳的城市维护建设税计算如下：

应纳税额 = 实际缴纳的增值税、消费税税额 × 适用税率
       = 26 × 5%
       = 1.3（万元）

### TAX 政策依据

**中华人民共和国城市维护建设税法**

2020 年 8 月 11 日　中华人民共和国主席令第五十一号

第五条　城市维护建设税的应纳税额按照计税依据乘以具体适用税率计算。

## 第二节　城市维护建设税征收管理

### 第 175 集

**城市维护建设税的纳税义务发生时间应如何确定？**

扫码看视频

承第 174 集案例。

**提问**：林老师，B 公司城市维护建设税的纳税义务发生时间应如何确定？

### 林老师解答

B 公司城市维护建设税的纳税义务发生时间与增值税的纳税义务发生时间一致，与增值税同时缴纳。

**TAX 政策依据**

**中华人民共和国城市维护建设税法**

2020 年 8 月 11 日　中华人民共和国主席令第五十一号

第七条　城市维护建设税的纳税义务发生时间与增值税、消费税的纳税义务发生时间一致，分别与增值税、消费税同时缴纳。

## 第 176 集

### 城市维护建设税的扣缴义务人应如何确定？

境外企业 C 公司于 2022 年 5 月在境内转让专有技术使用权，其在境内未设有经营机构，以购买方 D 公司为增值税扣缴义务人。

C 公司 2022 年 5 月需缴纳的增值税已由 D 公司扣缴。

提问：林老师，C 公司 2022 年 5 月需缴纳的城市维护建设税，其扣缴义务人应如何确定？

### 林老师解答

C 公司 2022 年 5 月需缴纳的城市维护建设税，其扣缴义务人为增值税扣缴义务人即 D 公司；D 公司应在扣缴增值税的同时扣缴城市维护建设税。

### 政策依据

**中华人民共和国城市维护建设税法**

2020 年 8 月 11 日　中华人民共和国主席令第五十一号

第八条　城市维护建设税的扣缴义务人为负有增值税、消费税扣缴义务的单位和个人，在扣缴增值税、消费税的同时扣缴城市维护建设税。

## 知识链接

### 1. 城市维护建设税税率是多少？

根据《中华人民共和国城市维护建设税法》第四条的规定，城市维护建设税税率如下：

1. 纳税人所在地在市区的，税率为7%；
2. 纳税人所在地在县城、镇的，税率为5%；
3. 纳税人所在地不在市区、县城或者镇的，税率为1%。

以上所称纳税人所在地，是指纳税人住所地或者与纳税人生产经营活动相关的其他地点，具体地点由省、自治区、直辖市确定。

### 2. 城市维护建设税纳税人可以按所在地适用不同税率吗？

根据《国家税务总局关于城市维护建设税征收管理有关事项的公告》（国家税务总局公告2021年第26号）第四条的规定，城市维护建设税纳税人按所在地在市区、县城、镇和不在上述区域适用不同税率。市区、县城、镇按照行政区划确定。行政区划变更的，自变更完成当月起适用新行政区划对应的城市维护建设税税率，纳税人在变更完成当月的下一个纳税申报期按新税率申报缴纳。

# 附录　教育费附加和地方教育附加

## 第一节　教育费附加、地方教育附加的征收范围和计算缴纳

### 第 177 集

**增值税、消费税已申报缴纳，需要缴纳教育费附加吗？**

A 公司属于增值税一般纳税人，其于 2022 年 5 月实际缴纳增值税 130 万元、消费税 100 万元。

提问：林老师，A 公司 2022 年 5 月需要缴纳教育费附加吗？

**林老师解答**

需要。

**政策依据**

**征收教育费附加的暂行规定**

2011 年 1 月 8 日　中华人民共和国国务院令第 588 号修订

第二条　凡缴纳消费税、增值税、营业税的单位和个人，除按照《国务院关于筹措农村学校办学经费的通知》（国发〔1984〕174 号文）的规定，缴纳农村教育事业费附加的单位外，都应当依照本规定缴纳教育费附加。

附录 教育费附加和地方教育附加

### 第 178 集

### 教育费附加应如何计算缴纳？

扫码看视频

承第 177 集案例。

**提问**：林老师，A 公司 2022 年 5 月需缴纳的教育费附加应如何计算？

### 林老师解答

A 公司 2022 年 5 月应缴纳的教育费附加计算如下：

应缴纳的教育费附加 = 实际缴纳的增值税、消费税税额 × 教育费附加征收率

= (130 + 100) × 3%

= 6.9（万元）

**TAX 政策依据**

**征收教育费附加的暂行规定**

2011 年 1 月 8 日　中华人民共和国国务院令第 588 号

第三条　教育费附加，以各单位和个人实际缴纳的增值税、营业税、消费税的税额为计征依据，教育费附加率为 3%，分别与增值税、营业税、消费税同时缴纳。

347

## 第 179 集

### 纳税人异地预缴增值税，就地预缴的教育费附加应如何计算？

B 公司属于增值税一般纳税人，增值税采用一般计税方法。

B 公司于 2022 年 5 月至省外跨地区提供建筑服务，当月在建筑服务发生地预缴增值税 20 万元。

提问：林老师，B 公司 2022 年 5 月就地预缴的教育费附加应如何计算？

### 林老师解答

B 公司 2022 年 5 月就地预缴的教育费附加计算如下：

应缴纳的教育费附加 = 预缴增值税税额 × 教育费附加征收率

= 20 × 3%

= 0.6（万元）

**政策依据**

**财政部　国家税务总局**
**关于纳税人异地预缴增值税有关城市维护建设税**
**和教育费附加政策问题的通知**

2016 年 7 月 12 日　财税〔2016〕74 号

一、纳税人跨地区提供建筑服务、销售和出租不动产的，应在建筑服务发生地、不动产所在地预缴增值税时，以预缴增值税税额为计税依据，并按预缴增值税所在地的城市维护建设税适用税率和教育费附加征

附录　教育费附加和地方教育附加

收率就地计算缴纳城市维护建设税和教育费附加。

……

三、本通知自 2016 年 5 月 1 日起执行。

### 划重点　消痛点

根据财税〔2016〕74 号文件第二条的规定，本案例中，B 公司在其机构所在地申报缴纳增值税时，以其实际缴纳的增值税税额为计税依据，并按机构所在地的城市维护建设税适用税率和教育费附加征收率就地计算缴纳城市维护建设税和教育费附加。

### 第 180 集

## 地方教育附加应如何计算缴纳？

扫码看视频

C 公司属于增值税一般纳税人，其于 2022 年 5 月实际缴纳增值税 65 万元。

提问：林老师，C 公司 2022 年 5 月应缴纳的地方教育附加应如何计算？

### 林老师解答

C 公司 2022 年 5 月应缴纳的地方教育附加计算如下：

应缴纳的地方教育附加
＝实际缴纳的增值税、消费税税额 × 地方教育费附加

349

征收率

= 65 × 2%

= 1.3（万元）

**政策依据**

**财政部关于统一地方教育附加政策有关问题的通知**

2010 年 11 月 7 日　财综〔2010〕98 号

二、统一地方教育附加征收标准。地方教育附加征收标准统一为单位和个人（包括外商投资企业、外国企业及外籍个人）实际缴纳的增值税、营业税和消费税税额的 2%。已经财政部审批且征收标准低于 2% 的省份，应将地方教育附加的征收标准调整为 2%，调整征收标准的方案由省级人民政府于 2010 年 12 月 31 日前报财政部审批。

## 第二节 教育费附加、地方教育附加的优惠政策

### 第 181 集　自主就业退役士兵从事个体经营，可以享受教育费附加、地方教育附加等税费优惠政策吗？

扫码看视频

朱先生是一名依照《退役士兵安置条例》的规定退出现役并按自主就业方式安置的退役士兵。

朱先生从部队退役后从事个体经营成立了 D 个体工商户，并于 2022 年 5 月办妥了该个体工商户登记手续。

D 个体工商户为增值税纳税人。

**提问**：林老师，朱先生从事个体经营，可以享受教育费附加、地方教育附加等税费优惠政策吗？

### 林老师解答

朱先生自办理 D 个体工商户登记当月即 2022 年 5 月起，在 3 年内按当地政府规定的限额标准依次扣减其当年实际应缴纳的增值税、城市维护建设税、教育费附加、地方教育附加和个人所得税。

## 溪发说税之 财产行为税篇

> **TAX 政策依据**

### 财政部　税务总局　退役军人部
### 关于进一步扶持自主就业退役士兵创业就业有关税收政策的通知

2019年2月2日　财税〔2019〕21号

一、自主就业退役士兵从事个体经营的，自办理个体工商户登记当月起，在3年（36个月，下同）内按每户每年12000元为限额依次扣减其当年实际应缴纳的增值税、城市维护建设税、教育费附加、地方教育附加和个人所得税。限额标准最高可上浮20%，各省、自治区、直辖市人民政府可根据本地区实际情况在此幅度内确定具体限额标准。

……

三、本通知所称自主就业退役士兵是指依照《退役士兵安置条例》（国务院　中央军委令第608号）的规定退出现役并按自主就业方式安置的退役士兵。

本通知所称企业是指属于增值税纳税人或企业所得税纳税人的企业等单位。

……

六、本通知规定的税收政策执行期限为2019年1月1日至2021年12月31日。纳税人在2021年12月31日享受本通知规定税收优惠政策未满3年的，可继续享受至3年期满为止。……

### 财政部　税务总局
### 关于延长部分税收优惠政策执行期限的公告

2022年1月29日　财政部　税务总局公告2022年第4号

一、……《财政部　税务总局　退役军人部关于进一步扶持自主就业退役士兵创业就业有关税收政策的通知》（财税〔2019〕21号）……中规定的税收优惠政策，执行期限延长至2023年12月31日。

附录 教育费附加和地方教育附加

**划重点 消痛点**

根据财税〔2019〕21号文件第一条第二款的规定，本案例中，若2022年度D个体工商户应缴纳税款小于上述扣减限额，则减免税额应以其实际缴纳的税款为限；若大于上述扣减限额，则应以上述扣减限额为限。该个体工商户2022年度的实际经营期不足1年，应按月换算其减免税限额。换算公式为：减免税限额=年度减免税限额÷12×实际经营月数。城市维护建设税、教育费附加、地方教育附加的计税依据是享受本项税收优惠政策前的增值税应纳税额。

**知识链接**

### 国家重大水利工程建设基金可以免征城市维护建设税和教育费附加吗？

根据《财政部 国家税务总局关于免征国家重大水利工程建设基金的城市维护建设税和教育费附加的通知》（财税〔2010〕44号）的规定，国家重大水利工程建设基金免征城市维护建设税和教育费附加。

## 第 182 集

### 企业招用自主就业退役士兵，可以享受教育费附加、地方教育附加等税费优惠政策吗？

E公司为增值税纳税人，其于2022年5月招用自主就业退役士兵10人，已于当月与其签订了3年期限劳动合同并依法缴纳社会保险费。

**提问**：林老师，E公司招用自主就业退役士兵，可以享受教育费附加、地方教育附加等税费优惠政策吗？

### 林老师解答

E公司可以自签订劳动合同并缴纳社会保险当月即2022年5月起，在3年内按实际招用人数10人定额依次扣减增值税、城市维护建设税、教育费附加、地方教育附加和企业所得税。

**政策依据**

**财政部　税务总局　退役军人部**
**关于进一步扶持自主就业退役士兵创业就业有关税收政策的通知**
2019年2月2日　财税〔2019〕21号

二、企业招用自主就业退役士兵，与其签订1年以上期限劳动合同并依法缴纳社会保险费的，自签订劳动合同并缴纳社会保险当月起，在3年内按实际招用人数予以定额依次扣减增值税、城市维护建设税、教育费附加、地方教育附加和企业所得税优惠。定额标准为每人每年6000元，最高可上浮50%，各省、自治区、直辖市人民政府可根据本地区实际情况在此幅度内确定具体定额标准。

## 附录 教育费附加和地方教育附加

**划重点 消痛点**

根据财税〔2019〕21号文件第二条第二款至第五款的规定,本案例中,E公司应按招用人数和签订的劳动合同时间核算企业减免税总额,在核算减免税总额内每月依次扣减增值税、城市维护建设税、教育费附加和地方教育附加。若该公司实际应缴纳的增值税、城市维护建设税、教育费附加和地方教育附加小于核算减免税总额,则应以实际应缴纳的增值税、城市维护建设税、教育费附加和地方教育附加为限;若实际应缴纳的增值税、城市维护建设税、教育费附加和地方教育附加大于核算减免税总额,则应以核算减免税总额为限。

2022年度终了,如果该公司实际减免的增值税、城市维护建设税、教育费附加和地方教育附加小于核算减免税总额,该公司应在企业所得税汇算清缴时以差额部分扣减企业所得税。当年扣减不完的,不再结转以后年度扣减。

2022年自主就业退役士兵在该公司工作不满1年,应按月换算减免税限额。计算公式为:核算减免税总额 =Σ 每名自主就业退役士兵本年度在本单位工作月份 ÷12× 具体定额标准。城市维护建设税、教育费附加、地方教育附加的计税依据是享受本项税收优惠政策前的增值税应纳税额。

根据第五条的规定,若E公司招用自主就业退役士兵既可以适用财税〔2019〕21号文件规定的税收优惠政策,又可以适用其他扶持就业专项税收优惠政策,则该公司可以选择适用最优惠的政策,但不得重复享受。

溪发说税之 财产行为税篇

扫码看视频

**第 183 集**

**毕业年度内高校毕业生从事个体经营，可以享受教育费附加、地方教育附加等税费优惠政策吗？**

2022年6月，马女士大学本科毕业。马女士在毕业后从事个体经营，成立F个体工商户，并于2022年7月办妥了该个体工商户登记手续。

F个体工商户为增值税纳税人。

马女士属于符合《财政部　税务总局　人力资源社会保障部　国务院扶贫办关于进一步支持和促进重点群体创业就业有关税收政策的通知》（财税〔2019〕22号）规定条件的毕业年度内高校毕业生。

提问：林老师，马女士在毕业年度内从事个体经营，可以享受教育费附加、地方教育附加等税费优惠政策吗？

**林老师解答**

马女士自办理F个体工商户登记当月即2022年7月起，在3年内按当地政府规定的限额标准依次扣减其当年实际应缴纳的增值税、城市维护建设税、教育费附加、地方教育附加和个人所得税。

## 附录 教育费附加和地方教育附加

**政策依据**

**财政部 税务总局**
**人力资源社会保障部 国务院扶贫办**
**关于进一步支持和促进重点群体创业就业**
**有关税收政策的通知**

2019年2月2日 财税〔2019〕22号

一、建档立卡贫困人口、持《就业创业证》（注明"自主创业税收政策"或"毕业年度内自主创业税收政策"）或《就业失业登记证》（注明"自主创业税收政策"）的人员，从事个体经营的，自办理个体工商户登记当月起，在3年（36个月，下同）内按每户每年12000元为限额依次扣减其当年实际应缴纳的增值税、城市维护建设税、教育费附加、地方教育附加和个人所得税。限额标准最高可上浮20%，各省、自治区、直辖市人民政府可根据本地区实际情况在此幅度内确定具体限额标准。

……

上述人员具体包括：……4.毕业年度内高校毕业生。高校毕业生是指实施高等学历教育的普通高等学校、成人高等学校应届毕业的学生；毕业年度是指毕业所在自然年，即1月1日至12月31日。

……

本通知所称企业是指属于增值税纳税人或企业所得税纳税人的企业等单位。

……

五、本通知规定的税收政策执行期限为2019年1月1日至2021年12月31日。纳税人在2021年12月31日享受本通知规定税收优惠政策未满3年的，可继续享受至3年期满为止。……

溪发说税之财产行为税篇

> 财政部　税务总局
> 人力资源社会保障部　国家乡村振兴局
> 关于延长部分扶贫税收优惠政策执行期限的公告
>
> 2021年5月6日　财政部　税务总局　人力资源社会保障部　国家乡村振兴局公告2021年第18号
>
> 《财政部　税务总局　人力资源社会保障部　国务院扶贫办关于进一步支持和促进重点群体创业就业有关税收政策的通知》（财税〔2019〕22号）……中规定的税收优惠政策，执行期限延长至2025年12月31日。

### 划重点　消痛点

根据财税〔2019〕22号文件第一条第二款的规定，本案例中，若2022年度F个体工商户应缴纳税款小于上述扣减限额，则减免税额应以其实际缴纳的税款为限；若大于上述扣减限额，则应以上述扣减限额为限。

### 第184集
**企业招用在人力资源社会保障部门公共就业服务机构登记失业半年以上且持《就业失业登记证》的人员，可以享受教育费附加、地方教育附加等税费优惠政策吗？**

G公司为增值税纳税人，其于2022年5月招用在人力资源社会保障部门公共就业服务机构登记失业半年以上且持《就业失业登记证》（注明"企业吸纳税收政策"）的人员15人，已于当月与其签订了2年期限劳动合同并依法缴纳社会保险费。

**附录** 教育费附加和地方教育附加

> **提问**：林老师，G公司招用在人力资源社会保障部门公共就业服务机构登记失业半年以上且持《就业失业登记证》的人员，可以享受教育费附加、地方教育附加等税费优惠政策吗？

**林老师解答**

G公司可以自签订劳动合同并缴纳社会保险当月即2022年5月起，在3年内按实际招用人数15人定额依次扣减增值税、城市维护建设税、教育费附加、地方教育附加和企业所得税。

**TAX 政策依据**

财政部　税务总局
人力资源社会保障部　国务院扶贫办
关于进一步支持和促进重点群体创业就业
有关税收政策的通知
2019年2月2日　财税〔2019〕22号

二、企业招用建档立卡贫困人口，以及在人力资源社会保障部门公共就业服务机构登记失业半年以上且持《就业创业证》或《就业失业登记证》（注明"企业吸纳税收政策"）的人员，与其签订1年以上期限劳动合同并依法缴纳社会保险费的，自签订劳动合同并缴纳社会保险当月起，在3年内按实际招用人数予以定额依次扣减增值税、城市维护建设税、教育费附加、地方教育附加和企业所得税优惠。……

**划重点　消痛点**

根据财税〔2019〕22号文件第二条第二款的规定，本案例中，G公司按上述标准计算的税收扣减额，应在该公司 2022 年实际应缴纳的增值税、城市维护建设税、教育费附加、地方教育附加和企业所得税税额中扣减，若当年扣减不完，不得结转下年使用。

根据第四条的规定，若 G 公司招用就业人员既可以适用财税〔2019〕22 号文件规定的税收优惠政策，又可以适用其他扶持就业专项税收优惠政策，则该公司可以选择适用最优惠的政策，但不得重复享受。